学ぶ人は、
変えて
ゆく人だ。

目の前にある問題はもちろん、

人生の問いや、

社会の課題を自ら見つけ、

挑み続けるために、人は学ぶ。

「学び」で、

少しずつ世界は変えてゆける。

いつでも、どこでも、誰でも、

学ぶことができる世の中へ。

旺文社

JN036238

英検分野別ターゲット

文部科学省後援

英検®2級
ライティング
問題

旺文社

はじめに

　本書は実用英語技能検定（英検®）2級の英作文（ライティング）問題に特化した問題集です。

　旺文社の『英検分野別ターゲット』は，もともと英検上位級対策としてご好評をいただいていたシリーズでした。しかし，英検2級・準2級・3級に英作文が導入され，これらの級もじっくり分野別に対策したいというご要望を多くいただきました。そこでこの度，本シリーズは3級まで幅を広げ，特に需要の高まっている「英作文（ライティング）」を刊行することにいたしました。

　本書には以下のような特長があります。

英検の「採点基準」に沿った攻略法を学べる

理想の「書き方（文章の型）」をマスターして，採点されるポイントを確認しましょう。解答に何が求められているかを知ることができれば，ハイスコアをねらえます。

「チェックリスト」と「NG解答例」で振り返り学習ができる

練習問題を解いた後は，チェックリストを使って自分の解答を振り返ることができます。またNG解答例も紹介しているので，間違った英文や言い回しについても知ることができます。

パソコンでCBT対策もできる

Web特典では模範解答の音声を聞いたり，解答用紙をダウンロードしたりできます。また，タイピング練習などのCBT対策もできます。

　本書をご活用いただき，英検2級に合格されることを心よりお祈りしております。

　終わりに，本書を刊行するにあたり，多大なご尽力をいただきましたロイ英語事務所 茅野夕樹先生に深く感謝の意を表します。

旺文社

※本書の内容は，2020年2月時点の情報に基づいています。受験の際は，英検ウェブサイト等で最新情報をご確認ください。

※英検1～3級では2024年度から一部の問題の形式が変わります。本書は，2023年度までの試験形式に対応していますが，以下のウェブサイトの情報と合わせて新試験対策ができます。
URL：https://eiken.obunsha.co.jp/2024renewal/

CONTENTS

Chapter 1 攻略ポイント

Chapter 2 練習問題

Chapter 3 模擬テスト

執筆　茅野 夕樹（ロイ英語事務所）
編集協力　株式会社シー・レップス，株式会社ターンストーンリサーチ，
　　　　朱 明奈，Sarah Matsumoto
装丁・本文デザイン　相馬敬徳（Rafters）
録音　ユニバ合同会社（Julia Yermakov）

本書の利用法

Chapter 1 攻略ポイント

「問題形式と過去問分析」で問題形式と過去問の傾向を確認しましょう。その後，英作文の書き方と攻略法を詳しく解説していますので，よく読んで覚えましょう。

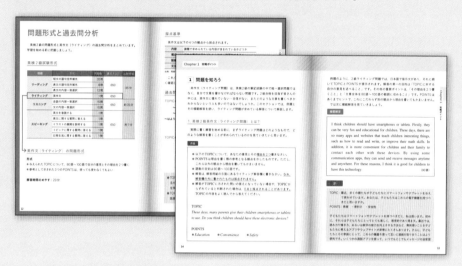

Chapter 2 練習問題

まずは練習問題に挑戦しましょう。ヒントとメモ欄つきで，より取り組みやすくなっています。模範解答とNG解答例を確認してから，最後に自分の解答を振り返りましょう。

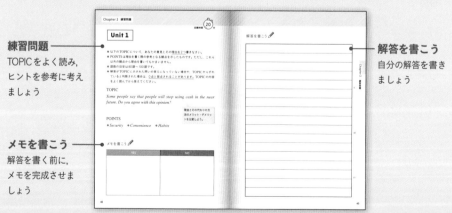

練習問題
TOPICをよく読み，ヒントを参考に考えましょう

メモを書こう
解答を書く前に，メモを完成させましょう

解答を書こう
自分の解答を書きましょう

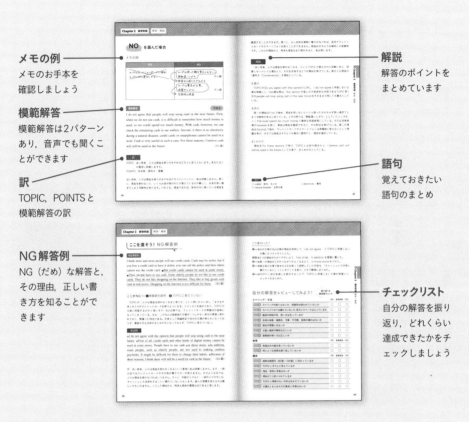

メモの例
メモのお手本を
確認しましょう

模範解答
模範解答は2パターン
あり，音声でも聞くこ
とができます

訳
TOPIC, POINTSと
模範解答の訳

NG解答例
NG（だめ）な解答と，
その理由，正しい書
き方を知ることがで
きます

解説
解答のポイントを
まとめています

語句
覚えておきたい
語句のまとめ

チェックリスト
自分の解答を振り
返り，どれくらい
達成できたかをチ
ェックしましょう

Chapter 3 模擬テスト

実際の試験にそっくりな模擬テストに挑戦しましょう。

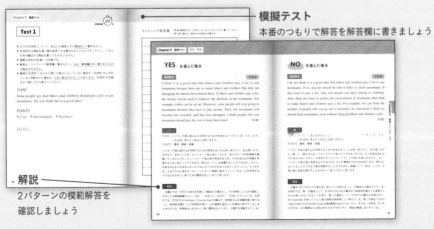

模擬テスト
本番のつもりで解答を解答欄に書きましょう

解説
2パターンの模範解答を
確認しましょう

音声について

本書に収録されている模範解答は，全て音声でお聞きいただけます。解説ページの の表示をご確認ください。

音声は以下の2つの方法で聞くことができます。

公式アプリ「英語の友」（iOS/Android）で聞く場合

❶「英語の友」公式サイトより，アプリをインストール

　https://eigonotomo.com/

　（右のQRコードでアクセスできます）

英語の友	検索

❷ ライブラリより「英検分野別ターゲット 英検2級 ライティング問題」を選び，「追加」ボタンをタップ

● 本アプリの機能の一部は有料ですが，本書の音声は無料でお聞きいただけます。

● 詳しいご利用方法は「英語の友」公式サイト，あるいはアプリ内ヘルプをご参照ください。

パソコンに音声データ（MP3）をダウンロードして聞く場合

❶ Web 特典ページにアクセス（詳細は，p.9をご覧ください）

❷「音声データダウンロード」から聞きたいChapterを選択・クリックしてダウンロード

● 音声ファイルはzip形式にまとめられた形でダウンロードされます。

● 音声の再生にはMP3を再生できる機器などが必要です。ご使用機器，音声再生ソフト等に関する技術的なご質問は，ハードメーカーもしくはソフトメーカーにお願いいたします。

PC・スマホでできる 英作文トレーニングについて

　Web特典の「英作文トレーニング」では，本書の模擬テストにPC・スマホで挑戦できます。「読んで攻略」「聞いて攻略」「音読で攻略」「タイピングで攻略」の4つのトレーニングを通して，ライティング力をさらにアップさせましょう。

　「タイピングで攻略」は，制限時間内にどれだけ正確に模範解答をタイピングできるかをチェックできます。CBT対策として，キーボードでの学習がオススメです。

「Web特典」アクセス方法

パソコンより以下URLにアクセスし，パスワードを入力してください。

URL: https://eiken.obunsha.co.jp/target/2q/authenticate.html

パスワード：2qudmg　※全て半角英数字

（右のQRコードでアクセスすればパスワードは不要です）

そのほかの特典内容

音声ダウンロード

本書の模範解答音声（MP3）がダウンロードできます。

「解答用紙」ダウンロード

本番にそっくりな解答用紙（PDFファイル）をダウンロードすることができます。うまく書けるように，試験直前に必ず練習しましょう。

●音声およびWeb特典のサービスは予告なく終了することがあります。

Chapter 1

攻略ポイント

問題形式と過去問分析

　英検2級の問題形式と英作文（ライティング）の過去問分析をまとめています。学習を始める前に把握しましょう。

英検2級試験形式

技能	形式	問題数	満点スコア	試験時間
リーディング	短文の語句空所補充	20問	650	85分
	長文の語句空所補充	6問		
	長文の内容一致選択	12問		
ライティング	英作文	1問	650	
リスニング	会話の内容一致選択	15問	650	約25分
	文の内容一致選択	15問		
スピーキング	英文を音読する	1問	650	約7分
	英文に関する質問に答える	1問		
	イラストの展開を説明する	1問		
	トピックに関する質問に答える	1問		
	日常生活に関する質問に答える	1問		

英作文（ライティング）の問題形式

形式

- 与えられたTOPICについて，80語〜100語で自分の意見とその理由を2つ書く
- 参考として示された3つのPOINTSは，使っても使わなくてもよい

解答時間のめやす：20分

採点基準

英作文は以下の4つの観点から採点されます。

内容	課題で求められている内容が含まれているかどうか
構成	英文の構成や流れがわかりやすく論理的であるか
語彙	課題に相応しい語彙を正しく使えているか
文法	文構造のバリエーションやそれらを正しく使えているか

出典：英検ウェブサイト

　これらの採点基準については，次のページから始まる「攻略ポイント」で詳しく確認しましょう。

過去問分析　※2016年度第1回〜2019年度第3回のテストを旺文社で独自に分析しました

TOPICの質問形式

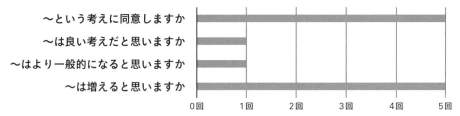

TOPICの話題

複数回出たPOINTS

環境	5回
健康	3回
費用	3回
科学技術	2回
経験	2回
収入	2回
便利さ	2回

- TOPICの質問は，大きく分類すると「将来の予測（増えるか・一般的になるか）」を問うものと，「ある意見に対する賛否（同意するか・良い考えか）」を問うものの2つに分けられる。
- TOPICの話題は，環境問題・社会問題・ビジネスなどで，身近で時事的な話題が出題される傾向にある。

1 問題を知ろう

　英作文（ライティング問題）は，英検2級の筆記試験の中で唯一選択問題ではなく，自分で文章を書かなければならない問題です。2級合格を目指す皆さんの中には，英作文に慣れていない・自信がない，またどのような文章を書くべきかわからないという人も多いのではないでしょうか。このセクションでは，例題とその模範解答を使い，ライティング問題が求めている解答について解説します。

1. 英検2級英作文（ライティング問題）とは？

　実際に書く練習を始める前に，まずライティング問題はどのようなもので，どのような解答を書くことが求められているのかを見ていきたいと思います。

例題

- 以下のTOPICについて，あなたの意見とその理由を2つ書きなさい。
- POINTSは理由を書く際の参考となる観点を示したものです。ただし，これら以外の観点から理由を書いてもかまいません。
- 語数の目安は80語～100語です。
- 解答は，解答用紙のB面にあるライティング解答欄に書きなさい。なお，解答欄の外に書かれたものは採点されません。
- 解答がTOPICに示された問いの答えになっていない場合や，TOPICからずれていると判断された場合は，0点と採点されることがあります。TOPICの内容をよく読んでから答えてください。

TOPIC

These days, many parents give their children smartphones or tablets to use. Do you think children should have these electronic devices?

POINTS
- *Education*　　● *Convenience*　　● *Safety*

例題のように，2級ライティング問題では，日本語で指示文があり，それに続いてTOPICとPOINTSが提示されます。解答の第一の目的は「TOPICに対する自分の意見を述べること」です。その他の重要ポイントは，「その理由を2つ書くこと」と「文章全体を80語〜100語の範囲に収めること」です。POINTSはあくまでヒントで，これにこだわらず別の観点から理由を書いてもかまいません。

では次に模範解答を見ていきましょう。

模範解答

I think children should have smartphones or tablets. Firstly, they can be very fun and educational for children. These days, there are so many apps and websites that teach children interesting things, such as how to read and write, or improve their math skills. In addition, it is more convenient for children and their family to contact each other with these devices. By using some communication apps, they can send and receive messages anytime and anywhere. For these reasons, I think it is good for children to have this technology.

(90語)

訳

TOPIC：最近，多くの親たちが子どもたちにスマートフォンやタブレットを与えて使わせています。あなたは，子どもたちはこれらの電子機器を持つべきだと思いますか。

POINTS：教育　・便利さ　・安全性

子どもたちはスマートフォンやタブレットを持つべきだと，私は思います。初めに，それらは子どもたちにとってとても楽しく，教育的であり得ます。最近では，読み方や書き方，あるいは数学の能力を向上させる方法など，興味深いことを子どもたちに教えるアプリやウェブサイトが非常にたくさんあります。さらに，子どもたちとその家族にとって，これらの機器を使って互いに連絡を取り合うことはより便利です。いくつかの通話アプリを使って，いつでもどこでもメッセージの送受信

が可能です。これらの理由から，子どもたちがこの技術を持つことは良いことだと，私は思います。

2級のライティング問題は，トピックに対する賛否をまず示し，その理由を2つ挙げるという点で，スピーキングの質問No. 3やNo. 4と似ています。しかし，80語〜100語という語数の目安は，2センテンス程度での解答が目安となるスピーキング問題よりもはるかに長いです。自分の意見を上手にまとめるためには，エッセイの構成を理解し，それに合わせて解答を構築していく必要があります。

2. ワンパラグラフエッセイの基本構造

先に挙げた模範解答は「ワンパラグラフエッセイ」の形式で書かれています。では，ワンパラグラフエッセイとは，いったいどのようなものなのでしょうか。

パラグラフ（paragraph）とは「段落」のことで，ある1つのトピックについて述べたセンテンス（sentence「文」）の集まりを指します。パラグラフ内では，1つのセンテンスが終わったら，その直後にスペースを入れてから新しいセンテンスを始め，右端に書ききれなくなったところで行を変えます。センテンスごとには改行しません。

✕ 新しいセンテンスを書くときに，行を変える必要はない
I think children should have smartphones or tablets.
Firstly, they can be very fun and educational for children.
These days, there are so many apps and websites that teach children ...

○ 前文の後ろに，スペースを空けてそのまま続ける
I think children should have smartphones or tablets. Firstly, they can be very fun and educational for children. These days, there are so many apps and websites that teach children interesting things, such as how ...

　日本語でエッセイと言えば，日常生活で起きることを自由な形式で述べた随筆を指し，テーマも軽いものが多いですが，英語で言うエッセイ（essay）とは，特定の主題について論理的に書かれたものを指します。

　2級ライティング問題の解答では，80語〜100語の語数からなる1つのパラグラフで，トピックに対する自分の意見とその理由を述べます。全体の流れは「意見→理由→まとめ」の構成になっており，この形式を「ワンパラグラフエッセイ」と呼びます。ワンパラグラフエッセイの基本的な構成は次の通りです。

トピックセンテンス（Topic sentence「主題文」）
まず，自分の意見を簡潔に書きます。
↓
サポーティングセンテンス（Supporting sentence「支持文」）
主題文の内容について，理由や具体的な例を示して説明し，
サポート（支持）します。
↓
コンクルーディングセンテンス（Concluding sentence「まとめの文」）
最後に自分の意見を再提示し，パラグラフをまとめる文です。

　では，先ほどの模範解答で，ワンパラグラフエッセイの構成を詳しく見てみましょう。

主題文　　　　　　　　　　　　　　　　　　　　　　　　**支持文1**

I think children should have smartphones or tablets. (1)Firstly, they can be very fun and educational for children. (2)These days, there are so many apps and websites that teach children interesting things, such as how to read and write, or improve their math skills. (3)In addition, it is more convenient for children and their family to contact each other with these devices. (4)By using some communication apps, they can send and receive messages anytime and anywhere. For these reasons, I think it is good for children to have this technology.　**支持文2**　　　　**まとめの文**

主題文

ここでは，簡潔に自分の意見を述べます。2級ライティング問題では，TOPICについて賛否を示すことが自分の意見となります。模範解答では，与えられたTOPICの英文（Do you think children should have these electronic devices?）を利用し，「子どもたちはスマートフォンやタブレットを持つべきだと思う」と自分の意見を述べています。TOPICの英文のthese electronic devicesをsmartphones or tabletsに置き換えていることに注目しましょう。

支持文

2級のライティング問題では理由を2つ書くよう指定されているので，2つの支持文を書きます。模範解答ではそれぞれの理由を2文で述べています。支持文1では，最初に(1)で「楽しく教育的であり得る」と簡潔に理由を述べ，次に(2)で「最近は読み書きや数学の力を向上させる方法を教えるアプリやウェブサイトがたくさんある」という具体例を挙げて理由を補足しています。支持文2も同様に，(3)で「これらの機器を使って連絡を取り合えて便利だ」と簡潔に理由を述べ，(4)で「通話アプリを使っていつでもどこでもメッセージのやり取りができる」という具体例を挙げて理由を補足しています。

まとめの文

ここでは，自分の意見を改めて述べて，パラグラフをまとめます。模範解答では，最初に述べた意見（主題文）と全く同じ文になってしまわないように，異なる表現を用いて言い換えた文「子どもたちがこの技術を持つことは良いことだと思う」で締めくくっています。

　次のセクションでは，上記の構成に沿ってワンパラグラフエッセイを書く方法について説明し，実際に書く練習をしていきます。

2 書いてみよう

　前セクションで解答の構成について見てきましたが，このセクションでは解答の手順を学びながら，実際に解答を書くことに挑戦してみましょう。

1. 書き始める前の準備をしよう（時間の目安：5分）

　解答を書き始める前に，まず全体の構成を考えましょう。「設計図」なしで書き始めると，話がTOPICからそれ，まとまりのないエッセイになる危険性があります。大問4（ライティング問題）の解答には20分ほど割くのが目安ですが，そのうちの5分程度を使って，エッセイの構成を練りましょう。

(1) TOPICの理解

　まず，落ち着いてTOPIC文を読み，何に対する意見を書けばいいのかを正確に理解します。TOPICからずれていると判断された場合は，0点と採点される可能性があるので，ずれた内容にならないよう十分に注意する必要があります。自分が何に対してAgree/DisagreeまたはYes/Noを表明しているのかを，常に意識して書き進めなければなりません。そのためには，最初にきちんとTOPIC文を理解することが重要なのです。

やってみよう🖊

次のTOPICについて，何に対してAgree/Disagreeを表明するのか考えよう。

Some people say that students spend too much time doing club activities at school. Do you agree with this opinion?

　「生徒がクラブ活動をする時間が長すぎる」ことに同意するかしないかを表明します。あくまで時間が「長すぎる」かどうかがポイントなので，クラブ活動自体の意義や参加の是非などに議論がそれないように気をつけましょう。

（2）立場の決め方―Pros/Cons リストとそれを基にした構成メモの作成

　TOPIC が理解できたら，それに対し Agree/Disagree もしくは Yes/No のどちらの立場をとるかを決めます。この際，自分の意見はどうかにこだわるよりも，どちらの立場の方が，前セクションで説明したワンパラグラフエッセイの構造に沿って論理的な理由付けを書きやすいかを基に，立場を決めます。

　理由を考え立場を決める際に役に立つのが Pros/Cons リストです。Pro は「賛成理由」，Con は「反対理由」を表します。左に賛成理由を，右に反対理由を思いつく限り書いていき，それを比較してどちらの立場の方が支持文としてまとめやすいか決めるのです。

　それでは，実際に Pros/Cons リストを書いてみましょう。下のリストにはすでに Pros，Cons それぞれ項目が 1 つ入っています。これに続けてほかに思いつくことを書いてください。目安は 1 分です。この段階では，自分だけが理解できるメモの形で OK です。あまり考えこまず思いつくままに書いていってください。

やってみよう 🖊

次の TOPIC について，POINTS を参考に，Pros/Cons リストを書いてみよう。

TOPIC

Some people say that students spend too much time doing club activities at school. Do you agree with this opinion?

POINTS

● *Time*　　● *Study*　　● *Competition*

YES (Pros)	NO (Cons)
自由時間がない	時間が長くても楽しい

いくつ理由を思いついたでしょうか。参考までに Pros/Cons リストの例を挙げておきます。このリストの作者を仮に A さんとしておきます。

A さんの Pros/Cons リスト

YES (Pros)	NO (Cons)
自由時間がない 練習がハード 土日も練習 遅くまで練習 疲れる 授業に身が入らない	時間が長くても楽しい うまくなれる チームワーク

(3) 賛成理由と反対理由を比較して Yes か No かを決める

　賛成理由と反対理由をリストアップしたら，それを比較し，どちらの方がうまく支持文を構築できるかを考え，どちらの立場をとるか決めましょう。そして，その立場を支持する2つの理由を最終決定しましょう。2つの支持文はそれぞれ，まず1センテンスで理由を表し，さらにもう1センテンスでそれを補足するような構成にするといいでしょう。

　それでは，A さんの最終的な構成メモを見てみましょう。

A さんの構成メモ

YES (Pros)	NO (Cons)
自由時間がない　理由❶ 練習がハード 土日も練習がある 遅くまで練習している　理由❷ 疲れるので 授業に身が入らない	時間が長くても楽しい うまくなれる チームワーク

　ここで，それぞれの支持文を構成する理由（文）とその補足（文）の関係を見てみましょう。理由❶ではまず「自由時間がない」と理由を述べ，続いて「土日も練習がある」とより具体的な状況を補足する形になっています。この「理由」→「具体例」の形は一番作りやすく，前セクションのスマートフォンとタブレットに関する TOPIC に対する解答例でも，両方の理由ともこの関係になっています。

　理由❷は「遅くまで練習している」という理由に続けて「疲れるので授業に身が入らない」と，「理由」→「その影響」の形で構成されています。

　ほかにも，「理由」→「別の角度から表現」，「理由」→「情報を補足」，「理由」→「さらにその理由」といったパターンなどがあります。具体的には Chapter 2 の解答例で解説しますので，よく研究しておきましょう。

　それでは，以上を参考にして先ほど書いた Pros/Cons リストに書き足す形で構成メモを書いてみましょう。

2. 解答を書こう（時間の目安：10分）

　構成メモができたら，それを基に解答を書き始めます。解答は10分以内で書き終えるようにしましょう。早く書き終えることができれば，次のセクションで詳しく解説するレビュー（解答の見直し）に時間を割くことができます。

（1）主題文の書き方

　主題文では，自分の意見（TOPIC に対する賛否）を表明します。TOPIC の第1文の表現を応用して作るとよいでしょう。先ほどの TOPIC を見てみましょう。

Some people say that students spend too much time doing club activities at school. Do you agree with this opinion?

　書き出しは質問の Do you agree ...? に答える形になるので，agree をそのまま利用して，I agree that ... / I do not agree that ... / I disagree that ... とするのがよいでしょう。もしくは，I think [believe] that ... / I do not think [believe] that ... としてもかまいません。解答だけを読んでも，独立したワンパラグラフエッセイとして理解できるように解答を書く必要がありますので，that 節の内容は，TOPIC 第1文の表現をそのまま利用して，何に同意するかをはっきり明記し

てください。I agree with it. や I disagree with this opinion. のように，代名詞
や代用表現などでぼかした表現は望ましくありません。また，TOPICの最後は疑
問文ですが，Yes, I do. / No I don't. などと答えを入れる必要はありません。
　それでは，下に主題文を書いてみましょう。

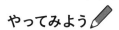

やってみよう

先ほどのTOPICについて，エッセイの出だしとなる主題文を書いてみよう。

_____

_____

（2）支持文の書き方

　次に，構成メモを基に支持文を書きます。構成メモで決めた2つの理由が，そ
れぞれ支持文1・支持文2になります。まず，Aさんが構成メモを基に主題文に
続けてどのような支持文を書いたか，見てみましょう。

Aさんの主題文と支持文

> 主題文 I agree that students spend too much time doing club activities
> at school. 支持文1-(1) **First,** students have no time to do anything
> outside of school because of the club activities. 支持文1-(2) These
> activities continue until late in the evening on weekdays, and may
> take place even on weekends and holidays. 支持文2-(1) **Moreover,**
> students get very tired when they do club activities for too long.
> 支持文2-(2) Sometimes they cannot concentrate on their classes.

　それぞれの理由の冒頭，すなわち支持文1-(1)および2-(1)の初めに，それぞれ
最初の理由，2番目の理由であることを示す表現を置きます。First,「第一に，最

初に，」，Second,「第二に，」が一番使いやすい表現です。Aさんの例では最初の
理由に First, を，2番目の理由に Moreover,「その上，さらに，」を使っています。
　以下に理由を導く表現をまとめておきます。2番目の理由を導く表現は，使い
分けることによって異なったニュアンスを表すことができます。

最初の理由を導く表現

First, / First of all, / To begin with,「初めに，」　　For one,「1つには，」
＊これらの語句は副詞(句)なので，後ろにカンマを打ちます。
One reason is that ...「1つの理由は…」
The first reason is that ...「第一の理由は…」
＊これらはthat節を導く表現なので，カンマは入れずにそのまま文を続けます。

2番目の理由を導く表現

Second,「第二に，」　　Next,「次に，」　　Also,「また，」
In addition, / Moreover, / Furthermore, / What is more,「その上，さらに，」
＊これらの語句は副詞(句)なので，後ろにカンマを打ちます。
Another reason is that ...「もう1つの理由は…」
The second reason is that ...「第二の理由は…」
＊これらはthat節を導く表現なので，カンマは入れずにそのまま文を続けます。

　支持文を構成するそれぞれの理由は，理由の主文＋補足文の2文で表すのが標
準です。Aさんの例では，クラブ活動のせいでほかのことができないという支持
文1-(1)に続けて，クラブ活動がどのように忙しいかを具体的に説明する支持文
1-(2)で補足し，生徒は疲れてしまうという支持文2-(1)に続けて，授業に集中で
きないこともあるという支持文2-(2)で補足するという構成になっています。
　英文を書くとき全てに当てはまるのですが，特に支持文を書くときには日本語
に引きずられず，自分の使える英語表現を利用して書くということを心がけま
しょう。例えば，Aさんは，構成メモの段階で「遅くまで練習している→疲れる
ので授業に身が入らない」というアイデアを思いついています。この「身が入ら
ない」は英語でどう表現すればよいでしょうか。慣用表現ですから，✘ The body
does not go into the classes. などと直訳しても，意味は通じません。Aさんの
支持文ではどう表現されているでしょうか。

Sometimes they cannot concentrate on their classes.
「彼らは時には授業に集中できません」

「授業に身が入らない」の「身が入らない」は言い換えると「集中できない」だと考え，concentrateで表現しています。このように，思い浮かんだ日本語をそのまま英語に訳すことにこだわるのではなく，その本質的な意味を自分がよく知っている簡単な英語表現で工夫して書く練習をしておきましょう。

では，下の解答欄に先ほど書いた主題文に続くように支持文を書きましょう。支持文は，構成メモに基づき，理由を導く表現を利用して書きましょう。

やってみよう✏️

構成メモを基に，主題文に続けて支持文（理由＋補足）を書いてみよう。

_____

_____

_____

_____

_____

_____

---

(3) 語数の調整

　設問には「語数の目安は80語〜100語です」とあるので，全体でこの範囲の語数に収めなければなりません。最後のまとめの文は10語〜20語になることが予想されますので，支持文を書き終わった時点で70語〜80語ぐらいだといい線でしょう。60語ぐらいだと語数不足になる恐れが，90語を超えていると語数オーバーになる恐れがありますので，語数の調整をする必要が出てきます。

　語数が少なかった場合に語数を稼ぐ方法として，主題文に続けて「次の2つの理由から（そう思うの）です」という表現を入れる方法があります。これはなくてもかまわない表現なのですが，これを利用して語数の調整ができます。

理由が２つあることを示す表現

... for [because of] the following two reasons.「次の２つの理由から…」

I have [There are] two reasons why I think so.「そう思う理由が２つあります」

I have [There are] two reasons why I feel this way.

「このように感じる理由が２つあります」

I have [There are] two reasons for feeling this way.

「このように感じる理由が２つあります」

I have [There are] two reasons to support this opinion.

「この意見を支持する理由が２つあります」

　それでは，先に書いたエッセイがどのくらいの語数になったか，カウントしてみましょう。70語を切るようなら，上記の表現を付け加える必要があります。

やってみよう🖊

先ほど書いた主題文＋支持文の語数をカウントしよう。

（　　　　　　　　）語

　本番の試験では，いったん書いた支持文を消して，表現を付け加えてからまた書き直すのは大変です。この本の練習問題などで語数の感覚を身につけておき，支持文までの語数が適切になるような「２つの理由があります」の表現を選んで最初から書いておくとよいでしょう。支持文が長くなりそうなときは，「２つの理由があります」の表現を省略します。また，次で述べるように，まとめの文でも語数の調整が可能です。語数が足りないからと言って，自分の主張をサポートするという流れから外れた，余談のような内容の文を加えないようにしましょう。

⑷ まとめの文の書き方

　最後に，結論を表すまとめの文を書きます。英検２級のライティング問題では，冒頭の主題文の内容を，少し表現を変えて繰り返せば大丈夫です。まとめの文の冒頭には，パラグラフをまとめることを示す表現を入れます。ここでＡさんの主題文とまとめの文を並べて見てみましょう。

主題文

I agree that students spend too much time doing club activities at school.

まとめの文

These are the reasons why I think that students spend too much time doing club activities at school.

　それまでの支持文の内容を受け，These are the reasons why ...「これらが…の理由です」と始め，主題文のagree を think に変えて，これに続けています。

　まとめの文の冒頭に使える表現を，以下に挙げておきます。

まとめの文に使える表現

Therefore,「それゆえに，したがって，」　　In conclusion,「結論として，最後に，」

In summary,「要するに，」　　In closing,「最後に，」

For these (two) reasons, / Because of these (two) reasons,

「これら（2つ）の理由から，」

＊これらの語句は副詞（句）なので，後ろにカンマを打ちます。

It is for [because of] these (two) reasons that ...

「これら（2つ）の理由から…です」

These are the reasons why ...「これらが…の理由です」

＊これらは節を導く表現なので，カンマを入れずにそのまま文を続けます。

　仕上げに，最終的な語数のカウントと調整を行います。まとめの文の冒頭に使える表現は1語から5語以上のものまであるので，必要に応じて使い分けることで語数の微調整が可能です。また，In closing, it is because of these two reasons that ... のように2つの表現を組み合わせれば，かなりの語数が稼げます。

　それでは次ページの解答欄にこれまで作成した主題文，支持文を書き写し，最後にまとめの文を加え，語数を数えて必要があれば調整し，解答を完成させましょう。前セクションで説明した通り，センテンスごとに改行せず，センテンスの直後にスペースを入れてから新しいセンテンスを始め，右端に書ききれなくなったところで行を変えましょう。なお，2級のライティング問題ではセンテンス冒頭のインデント（字下げ）はせずに，左端から書き始めてください。また，長い単語が右端に書ききれない場合，ハイフンを使って分割し2行に分ける書き

方がありますが，どこで分けてもいいわけではない（音節の切れ目で分ける）ため，そのような場合は分割せずに，単語を丸ごと次の行に移してください。

やってみよう✏️

先ほど書いた主題文と支持文を使い，最終的に語数が80～100語になるように語数調整をしながら，まとめの文を加えて，ワンパラグラフエッセイを完成させよう。

ここで，Aさんの最終的な解答を見てみましょう。

解答例 Aさん

I agree that students spend too much time doing club activities at school **for the following two reasons**. **First,** students have no time to do anything outside of school because of the club activities. These activities continue until late in the evening on weekdays, and may take place even on weekends and holidays. **Moreover,** students get very tired when they do club activities for too long. Sometimes they cannot concentrate on their classes. **These are the reasons why** I think that students spend too much time doing club activities at school.

(91 語)

> 訳：私は次の2つの理由から，生徒たちが学校でのクラブ活動をするのに時間を費やし過ぎているということに同意します。まず，クラブ活動のせいで，生徒たちは学校外では何もする時間がありません。これらの活動は平日夕方遅くまで続き，週末や休日にあることすらあり得るのです。さらに，クラブ活動を長時間やり過ぎると，生徒たちはとても疲れます。時には授業に集中できません。これらが，生徒たちが学校でのクラブ活動をするのに時間を費やし過ぎていると，私が考える理由です。

Aさんは支持文の語数が少ないと考え，主題文の末尾に for the following two reasons を加えています。2つの理由を導く表現は，First, と Moreover, を使っています。まとめの文の冒頭も These are the reasons why ... と長めの表現を使っています。

次の例は，Aさんとは逆に，Disagree の立場で書いたBさんのエッセイです。

解答例 Bさん

I do not agree that students spend too much time doing club activities at school. **To begin with,** many people only have the opportunity to practice sports or arts while they are students. Once they start working, they cannot be engaged in these things unless they become professional athletes or artists. **In addition,** most students prefer to spend their time doing club activities. They want to practice a lot to develop their skills. **Therefore,** I disagree that students spend too much time doing club activities at school. (87語)

訳：生徒たちが学校でのクラブ活動をするのに時間を費やし過ぎているということに，私は同意しません。まず，多くの人たちは学生のときにしか，スポーツや芸術を練習する機会がありません。いったん働き始めれば，プロの運動選手か芸術家にならない限り，こうしたことに携わることができません。さらに，大部分の生徒たちは，自分の時間をクラブ活動をするのに費やすことを好んでいます。彼らは自分の技能を磨くためにたくさん練習がしたいのです。ですから，生徒たちが学校でのクラブ活動をするのに時間を費やし過ぎているということに，私は同意しません。

　Bさんは語数は十分だと判断し，「理由は2つある」の表現を入れていません。最初の理由は To begin with, で始め，「練習ができるのは学生のうちだけ」→「社会人になると無理」と，最初の文の内容を第2文では別の角度から説明しています。第二の理由では In addition, を使い，「生徒はクラブ活動が好き」→「もっと技能を磨きたい」と，理由に続けてさらにその理由を書いています。まとめの文の冒頭はTherefore, と1語の表現を使っています。

3　レビューをしよう

　最後に5分程度を割いて見直しをしましょう。1分程度しか残り時間がなければ，スペリングミスや文法ミスがないかを中心に見直しますが，できる限り時間に余裕をもって内容を見直し，修正するようにしましょう。

1. ライティング問題の採点の観点および注意点

　2級ライティング問題は，以下の4つの観点で採点されます。ここでは，それぞれの観点と，解答作成時に注意すべき5つのポイントを，解答する立場から解説します。

採点の観点

❶ 内容：課題で求められている内容が含まれているかどうか

　英検2級のライティング問題で作成するエッセイにはTOPICが与えられます。TOPICは必ず，Agree/DisagreeまたはYes/Noで解答できる形式になっていますので，ここでの「賛成・反対」または「肯定・否定」が受験者の「意見」になります。そしてその意見に沿った理由が2つ含まれているかがポイントです。

❷ 構成：英文の構成や流れがわかりやすく論理的であるか

　主題文，2つの理由からなる支持文，そしてまとめの文という構成がわかりやすくなるよう，接続詞や接続副詞などを適切に用いて，エッセイを論理的に組み立てましょう。

❸ 語彙：課題に相応しい語彙を正しく使えているか

　同じ語や表現の繰り返しで単調にならないよう，同義表現などを駆使して，文脈に合った多様な語彙や表現を使用するようにしましょう。

❹ 文法：文構造のバリエーションやそれらを正しく使えているか

　同じ形の文の繰り返しにならないよう，多様な構文を適切に使用するようにしましょう。

解答作成時の注意点

❶ TOPICに示された問いに答えていない

　エッセイの内容がTOPICに示された問いの答えになっていなかったり，全く関係のないTOPICについて書いてしまっていたりすると，0点になることもあります。TOPICの問いをしっかり把握し，それに対する自分の立場（Yes/No）を明確にし，そしてそれを支持する理由を書いていきましょう。

❷ 英語ではない単語を使った解答

　英語以外の単語（例：アルバイト　※ドイツ語由来。英語ではpart-time job），和製英語（例：ガソリンスタンド　※英語ではgas station）や，本来のスペリングとは違うローマ字読みの綴りなどを使用した場合，減点の対象になります。どうしても英語以外の語や表現を使う場合は，英語以外が理解できない人にもわかるように説明を加えると，減点の対象にはなりません。

❸ 意見と矛盾する理由や説明がある

　例えば，TOPICに対して"Yes"と解答した場合は，"Yes"である理由や説明だけを書き，その答えに対して否定的だったり矛盾したりする記述をしないようにしましょう。構成メモを作成する時点で，理由が主題文の立場と矛盾しないか，また2つの理由同士や，理由文と補足文がお互いに矛盾していないかを確認してから書き進めましょう。

❹ 理由に対する説明や補足がない

　理由が短すぎたり，説明不足だったりすると，説得力がないと判断され，減点対象になります。例えば，p.23のAさんの解答例の支持文1では，ただ「クラブ活動のせいでほかのことをする時間がない」で終わらせるのではなく，次のセンテンスで具体的にどれだけ長いかを説明し，理由付けに説得力を持たせています。このように，理由には具体例や補足説明を必ず加え，内容を補強しましょう。

❺ 関係の無い内容が含まれている

　構成を決めずに書き始めると，徐々に話の内容がそれてくることがあります。TOPICに関係のない内容が含まれていると構成の観点で減点対象となることがあります。必ず構成メモなどでしっかり構成を決めてから書き始めましょう。

2. チェックリスト

　採点の観点および解答作成時の注意点，そして解答者が犯しがちな間違いを基に，エッセイを見直すときのチェックリストをまとめました。

スペリング・文法

		OK	まあまあ	NG
Check 1	スペリングの誤りはないか，短縮形は使われていないか	☐	☐	☐
Check 2	カンマ，ピリオドは漏れていないか，後ろにスペースは入っているか	☐	☐	☐
Check 3	動詞の時制や形，使い方は合っているか	☐	☐	☐
Check 4	名詞の単数・複数形，可算・不可算，冠詞の漏れはないか	☐	☐	☐
Check 5	語法の間違いはないか	☐	☐	☐
Check 6	主語と動詞の関係は正しいか	☐	☐	☐
Check 7	接続詞の使い方は正しいか	☐	☐	☐

表現

		OK	まあまあ	NG
Check 8	英語以外の語を使っていないか	☐	☐	☐
Check 9	同じような表現を繰り返していないか	☐	☐	☐

構成

		OK	まあまあ	NG
Check 10	語数は範囲内（80語〜100語）に収まっているか	☐	☐	☐
Check 11	TOPICにきちんと答えているか	☐	☐	☐
Check 12	理由・説明に矛盾はないか	☐	☐	☐
Check 13	理由が2つ述べられているか	☐	☐	☐
Check 14	TOPICと関係のない内容は含まれていないか	☐	☐	☐
Check 15	主題文とまとめの文の意見に矛盾はないか	☐	☐	☐

　上記のチェックポイントをもう少し詳しく見ていきましょう。

(1) スペリング・文法

　本番では少なくとも1分の時間を取って，スペリング，句読点（カンマ，ピリオド），文法のチェックをしてください。また，フォーマルなライティングでは短縮形は使わない方がよいので，解答でもdon'tやcan'tなどの短縮形を使わず，do not，cannotなどを使うようにしましょう。

　文法については，次の点をチェックしてください。

●**動詞の時制や形，使い方は合っているか**

　特に時制の一致や，三単現の s が落ちていないか，自動詞と他動詞を正しく使えているか，それぞれの動詞の語法などが正しいかどうかを確認しましょう。

例　✕ We need to discuss about the problem further.
　　○ We need to <u>discuss the problem</u> further.
　　「私たちはその問題についてさらに話し合う必要があります」
　　＊discuss「〜を話し合う」は他動詞なので，前置詞aboutは不要。

　また，「〜ではないと思う」を表す場合，I think that ... not ... と that節の動詞を否定するのではなく，I do not think that ... と thinkの方を否定します。

例　△ I think that students do not want to practice on Sundays.
　　○ I <u>do not think</u> that students want to practice on Sundays.
　　「生徒は日曜日に練習したがっていないと思います」
　　＊上の文も間違いではないが，下の語順の方が望ましい。

●**名詞の単数・複数形，可算・不可算，冠詞の漏れはないか**

　名詞を使うときはそれが可算名詞か不可算名詞か，可算名詞の場合は単数形にすべきか複数形にすべきかを，常に意識してください。また冠詞（a, the）の要・不要についても確認してください。

例　✕ We can use various softwares on smartphone.
　　○ We can use various <u>software</u> on <u>a smartphone</u>.
　　「スマートフォンでいろいろなソフトウェアを使うことができます」
　　＊software は不可算名詞，smartphone は可算名詞。

　　✕ I think a number of these people will increase in the future.
　　○ I think <u>the number of</u> these people will increase in the future.
　　「このような人々の数は将来増えると思います」
　　＊a number of 〜「いくらかの〜」，the number of 〜「〜の数」。

●**語法の間違いはないか**

　動詞・名詞以外にも注意が必要です。それぞれの語法に従った使われ方がされ
ているか，確認してください。例えば形容詞のconvenient「都合の良い」は叙
述用法（補語に用いる用法）では，主語に人は取れません。

例　✗ You can place an order whenever you are convenient.
　　○ You can place an order whenever <u>it is convenient for you</u>.
　　「あなたの都合の良いときにいつでも注文をすることができます」

●**主語と動詞の関係は正しいか**

　センテンスの核となるのは1つの主語と1つの動詞です。学習者が犯しがちな
最大の問題が，このルールを守っていない文を書いてしまうことです。1つの主
語に対し1つの動詞という関係になっているかどうかをまず確認してください。

例　✗ We study English at school is important.
　　○ <u>Studying English at school</u> is important for us.
　　「学校で英語を勉強することは私たちにとって重要です」
　　＊上の文では，主語のweに対する動詞studyのほかに，isというもう1つの動詞がある。

　　✗ Many different books can found in libraries.
　　✗ Many different books can find in libraries.
　　○ Many different <u>books can be found</u> in libraries.
　　「図書館ではいろいろな本を見つけることができます」
　　＊1番目の文は，助動詞canの後のbe動詞がない。
　　　2番目の文は，booksが「見つける」側になっている。

　2番目の例文はcanの後が原形のfindなので間違いに気づきにくいかもしれま
せん。「いろいろな本を<u>見つけることができる</u>」という日本語に引きずられた可
能性がありますが，本はあくまでも「見つけられる」側なので，受動態にする必
要があります。

●接続詞の使い方は正しいか

1つの主語に対し1つの動詞の組み合わせがセンテンスの基本的なユニットで，これを「節」と呼びます。この節がセンテンス内に複数ある場合，それをつなぐ役割をするのが接続詞です。次の例の上の行のBecauseで始まるセンテンスは間違いです。

例　✗ Students are too tired. Because they have too much homework.
　　○ Students are too tired because they have too much homework.
「宿題が多すぎるので，生徒たちはあまりにも疲れています」
＊接続詞becauseは，1組の主語＋動詞しかない「単文」の冒頭に置けない。

次のような場合は，接続詞の代わりに接続機能がある副詞を使えます。

例　✗ Global warming is an urgent issue. But governments are slow to act.
　　○ Global warming is an urgent issue. However, governments are slow to act.
「地球温暖化は差し迫った問題です。しかし，各国政府は動きが鈍いのです」
＊howeverは副詞なので「単文」の文頭でも使える。

（2）表現

英語以外の語を使っていないか確認しましょう。英語の文章を書く場合は，読者は英語話者で，日本語が理解できるとは限らないということを前提に書かなくてはなりません。仲間内で使っている表現や流行語をそのままローマ字で書いたりせず，英語話者でもわかるような単語や表現を使ってください。どうしても英語以外の単語を使う必要がある場合は，shimekazari, which is a Japanese New Year decorationのように，英語でわかるように説明を加えましょう。また，和製英語にも気をつけましょう。例えば ✗ salaryman（サラリーマン）は和製英語なので使えません。仕事内容により office worker「会社員」，salesperson「店員，販売員」などを使い分けます。

さらに，同じ表現を繰り返していないかもチェックしましょう。go to ≒ visit, eat ≒ have のように同義語を利用し，文章が単調にならないように工夫しましょう。

（3）構成

　事前に構想を練らずにいきなり書き始めると，書き続けていくうちに前後に矛盾が出てきたり，思いつきで話がTOPICからそれてしまったりすることがよくあります。前セクションで説明したように，構成メモを作成してから書けば，大きく論点からそれることはないでしょう。それでも，本番の試験でもできれば何分か見直しの時間を確保し，主題文とまとめの文に矛盾はないか，支持文に矛盾や理由の説明不足，TOPICや論点から外れている点はないかを，再度チェックするようにしましょう。

　最後に必ず語数をチェックし，多すぎたり少なすぎたりする場合は80語〜100語に収まるように調整しましょう。

3. レビューの例：解答例ビフォー・アフター

　「 2 書いてみよう」で取り上げたTOPICに対する，望ましくない解答例を下に掲載しました。チェックリストを見ながらレビューし，修正してみましょう。

TOPIC

Some people say that students spend too much time doing club activities at school. Do you agree with this opinion?

POINTS

● *Time*　　● *Study*　　● *Competition*

ビフォー

Yes, <u>I am agree with</u> students spend too much time doing club activities at school. At first, <u>many students practiced so hard that they are too tired to study</u>. For example, after <u>asaren</u>, it is hard to <u>concentrate classes</u>. Second, students often do club activities for such a long time that they cannot do anything else. They cannot do <u>arubaito</u> or <u>borantia</u> activities. For these two reasons, <u>I am agree with</u> students spend too much time doing club activities.

では，次に修正例を見てみましょう。

アフター

[1]~~Yes,~~ [2]I ~~am~~ agree ~~with~~ **that** students spend too much time doing club activities at school. [3]**I have two reasons for feeling this way.** [4]~~At First~~, many students [5]~~practiced~~ so hard that they are too tired to study. For example, after [6]~~asaren~~ **morning practice**, it is hard to [7]**concentrate on classes**. Second, students often do club activities for such a long time that they cannot do anything else. They cannot [8]~~do arubaito~~ **have part-time jobs** or do [9]~~borantia~~ **volunteer** activities. For these two reasons, [10]I ~~am agree with~~ **think that** students spend too much time doing club activities.

こう変わった！

❶→TOPICの質問に答えるYes/Noは必要ありません。

❷→能動態なのに動詞が２つあるため不要なbe動詞を取ります。また，agreeはthe opinionなどの名詞が後ろに続く場合はwithが必要ですが，that節が続く場合はwithを入れません。

❸→語数が不足していたので，追加しました。

❹→最初の理由を導く語はFirst,です。at firstは「当初は」の意味です。

❺→現在形にしてthat節以下と時制を一致させる必要があります。

❻→「朝連」は「早朝練習」の俗称で，英語ではありません。きちんと英語に直しましょう。

❼→concentrateは自動詞なので，前置詞のonが必要です。

❽→「アルバイト」はドイツ語のArbeitからの外来語で，英語で「アルバイトをする」はwork part-timeもしくはhave a part-time jobと言います。

❾→「ボランティア」の英語の正しいスペリングはこうです。

❿→主題文と同一の表現になるのを避けるため，agreeの代わりにthinkを使いました。また，能動態なのに動詞が２つあるため不要なbe動詞を取りました。

それでは，先ほど書いた自分のエッセイも，チェックリストと照らし合わせてレビューし，必要があれば修正しましょう。

次の Chapter 2 は練習問題，最後の Chapter 3 は模擬試験ですが，必ず解答を書いた後にはそれをレビューし，正しくわかりやすいワンパラグラフエッセイを書ける能力を養成しましょう。

英作文に使える表現

主題文に使える表現

❶意見の表明

I agree [disagree] that ...「…に賛成［反対］です」

I agree [disagree] with the opinion that ...「…という意見に賛成［反対］です」

I think [believe] that ...「…だと思います」

❷理由が2つあることを示す表現 （※なくてもかまわない）

... for [because of] the following two reasons.「次の2つの理由から…」

I have [There are] two reasons why I think so.「そう思う理由が2つあります」

支持文に使える表現

❶最初の理由を導く表現

First, ... ／ First of all, ...「第一に，…」　To begin with, ...「初めに，…」

One [The first] reason is that ...「1つの［最初の］理由は…」

❷2番目の理由を導く表現

Second, ...「第二に，…」　Next, ...「次に，…」　Also, ...「また，…」

In addition, ... ／ Moreover, ... ／ Furthermore, ...「その上，…，さらに，…」

Another [The second] reason is that ...「もう1つの［第二の］理由は…」

❸文をつなぐ表現

〈順接〉As a result, ...「結果として，…」　By doing so, ...「そうすることで，…」

〈逆接〉On the contrary, ...「逆に，…」　On the other hand, ...「一方で，…」

　　　　Instead, ...「その代わりに，…」

〈例示〉For example, ...「例えば，…」

まとめの文に使える表現

Therefore, ...「それゆえに，…」　In conclusion, ...「結論として，…」

For [Because of] these reasons, ...「これらの理由から，…」

そのほかの役立つ表現

❶数の増加［減少］を表す表現

The number of *A* will increase [decrease] in the future.
「将来*A*は増える［減る］だろう」
More and more *A* will ...「ますます多くの*A*が…だろう」

❷変化を表す表現

be becoming [getting]＋比較級「より〜になってきている」
will become＋比較級「より〜になるだろう」
will be able to *do*「〜できるようになるだろう」

❸推量を表す表現

it is likely that ...「おそらく…だろう，…のようだ」
be likely to *do*「〜しそうである」
may cause *A* (to *do*)「*A*（が〜する）の原因となるかもしれない」

❹条件を示す表現

With [Without] *A*「*A*があれば［なければ］」 without *doing*「〜せずに」

❺不定詞を使った表現

make *A do*「*A*に〜させる」
allow *A* to *do*「*A*が〜するのを許す，可能にする」
encourage *A* to *do*「*A*が〜することを奨励する，〜するように仕向ける」
help (*A*) (to) *do*「（*A*が）〜するのを手伝う」
it is ... (for *A*) to *do*「（*A*が）〜するのは…だ」
prefer to *do*「〜する方を好む」

❻動名詞を使った表現

spend (more / less / enough) time *doing*
「〜するのに（より多くの／より少ない／十分な）時間を費やす」
stop *doing*「〜するのをやめる」
the idea of *doing*「〜するという考え」

Chapter 2
練習問題

Unit 1

- 以下のTOPICについて，あなたの意見とその<u>理由を2つ</u>書きなさい。
- POINTSは理由を書く際の参考となる観点を示したものです。ただし，これら以外の観点から理由を書いてもかまいません。
- 語数の目安は80語〜100語です。
- 解答がTOPICに示された問いの答えになっていない場合や，TOPICからずれていると判断された場合は，<u>0点と採点されることがあります</u>。TOPICの内容をよく読んでから答えてください。

TOPIC

Some people say that people will stop using cash in the near future. Do you agree with this opinion?

> 現金とその代わりの方法のメリット・デメリットを比較しよう。

POINTS

- *Security*　● *Convenience*　● *Habits*

メモを書こう 🖉

YES	NO

解答を書こう 🖊

5

10

15

YES を選んだ場合

メモの例

YES	NO
現金はなくしたら終わり 理由❶ カードはなくしたらカード会社に連絡, 使用ストップ カードはいつでもどこでも 支払い可能 理由❷ 現金は銀行まで行かなければならない 平日しか送金できない	現金は使った額がわかりやすい

模範解答

))) 01-A

I agree that people will stop using cash in the near future. First, once we have lost cash, it is almost impossible to get it back. On the other hand, if we lose a credit card or a smartphone, we can call customer service and stop it from being used. Second, with credit cards or with Internet banking, we can pay our bills from anywhere. If we use cash, we have to go to a bank to make a payment, which is difficult for busy people. Therefore, I think people will stop using cash in the future. (97 語)

訳

TOPIC：近い将来，人々は現金を使うのをやめるだろうと言う人もいます。あなたはこの意見に同意しますか。

POINTS：安全性・便利さ・習慣

近い将来，人々は現金を使うのをやめるだろうということに，私は同意します。第一に，いったん現金をなくしてしまうと，それを取り戻すことはほぼ不可能です。その一方で，

クレジットカードやスマートフォンをなくしても，カスタマーサービスに電話をして，それが使われるのを止めることができます。第二に，クレジットカードやインターネットバンキングがあれば，どこからでも支払いをすることができます。現金を使うのであれば，支払いのために銀行に行かなくてはならず，忙しい人々にとっては困難です。ですから，将来，人々は現金を使うことをやめると，私は思います。

解説

　この問題では「近い将来，人々は現金を使わなくなる」という見解について同意するかを尋ねている。解答例では主題文で「同意」の立場を明確にし，支持文では「安全性（Security）」と「便利さ（Convenience）」の観点でその理由を挙げている。

主題文

　TOPICのDo you agree with this opinion?のthis opinionが指し示す具体的な内容は，TOPIC第1文のpeople will stop using cash in the near futureである。主題文では，I agree thatの後にそれをそのまま引用して同意の立場を表明している。

支持文

　第一の理由はFirst, で始め，現金だとなくすと取り戻せないと述べている。次文はOn the other hand,「その一方で，」と逆接を表す表現で始め，現金とそれ以外の支払い方法を比較して，クレジットカードやスマートフォンだとそれらが使用されるのを止められると，「安全性（Security）」の観点から説明している。stop O from *doing*「Oが〜するのを止める」は覚えて使えるようにしておきたい表現。第二の理由はSecond, で始め，クレジットカードやインターネットバンキングならどこからでも支払いができるとし，次文では現金での支払いは銀行に行かなければならず大変だと，「便利さ（Convenience）」の観点から，やはり現金とそれ以外の支払い方法を対比して説明している。この文は関係代名詞whichの前にカンマがあり，非制限用法である。ここでは前の節全体がwhichの先行詞に当たる。

まとめの文

　支持文をTherefore,「したがって，」で受け，主題文のI agreeをI thinkに変え，エッセイのまとめとしている。

語句

☐ once　いったん〜すれば　　　　☐ from anywhere　どこからでも
☐ make a payment　支払いをする

NO を選んだ場合

メモの例

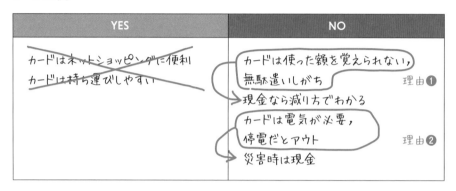

YES	NO
カードはネットショッピングに便利 カードは持ち運びしやすい *(取り消し線)*	カードは使った額を覚えられない、 無駄遣いしがち　　　理由❶ 現金なら減り方でわかる カードは電気が必要、 停電だとアウト　　　理由❷ 災害時は現金

模範解答　　　　　　　　　　　　　　　　　　　))) 01-B

I do not agree that people will stop using cash in the near future. First, when we do not use cash, it is difficult to remember how much money is used, so we could spend too much money. With cash, however, we can check the remaining cash in our wallets. Second, if there is no electricity during a natural disaster, credit cards or smartphones cannot be used in a store. Cash is very useful in such a case. For these reasons, I believe cash will still be used in the future.

(91 語)

訳

TOPIC：近い将来，人々は現金を使うのをやめるだろうと言う人もいます。あなたはこの意見に同意しますか。
POINTS：安全性・便利さ・習慣

近い将来，人々は現金を使うのをやめるだろうということに，私は同意しません。第一に，現金を使わないと，いくらお金が使われたか覚えているのが難しく，お金を使い過ぎてしまう可能性があります。けれども，現金であれば，財布の中に残っている現金を

確認することができます。第二に，もし自然災害時に電力がなければ，店内でクレジットカードやスマートフォンを使うことができません。現金はそのような場合に大変便利です。これらの理由から，将来も現金はまだ使われると，私は思います。

「近い将来，人々は現金を使わなくなる」というTOPICで提示された見解に対し，同意しないという立場をとり，それを支持する2つの理由を挙げている。両方とも現金の「便利さ（Convenience）」を理由としている。

主題文

TOPICのDo you agree with this opinion? に対し，I do not agree と同意しない立場を明確にし，that節以降は，this opinion が指し示す具体的な内容であるTOPIC第1文のpeople will stop using cash in the near future をそのまま引用して主題文としている。

支持文

第一の理由はFirst, で始め，現金を用いないといくら使ったかわからず使い過ぎてしまう可能性があると述べている。メモの例では「無駄遣いしがち」としていたところを，ここではcould spend too much money と簡単な英語表現にしている。次文は逆接表現のhoweverを使い，現金は残金を確認できると，その利点を挙げている。第二の理由はSecond, で始め，クレジットカードやスマートフォンは停電時に使えないという問題を挙げ，次文では現金はそのような場合に便利だと，理由を補足している。

まとめの文

理由をFor these reasons, で受け，TOPICとは逆の視点から，I believe cash will still be used in the future という主張で，まとめの文としている。

□ wallet　財布，札入れ　　　　　　　□ electricity　電気
□ natural disaster　自然災害

Chapter 2　練習問題　解答・解説

ここを直そう！ NG解答例

NG解答例

I think more and more people will use credit cards. Cash may be stolen, but if you lose a credit card or have it stolen, you can call the police and then others cannot use the credit card. ❶But credit cards cannot be used at some stores. ❷Then, people have to use cash. Some elderly people do not like to use credit cards. They do not like shopping on the Internet. They like to buy goods with cash at real stores. Shopping on the Internet is too difficult for them. 　（90語）

ここがNG ▶▶▶ ❶接続詞の誤用　❷TOPICに答えていない

　TOPICの「人々は現金を使わなくなると思うか」という問いかけに対し，「ますます多くの人々がクレジットカードを使うようになる」とエッセイを始めており，TOPICの主張に同意するのかと思いきや，But以降では，クレジットカードの問題点の説明になってしまっている。なお，このButは接続詞だが節が1つしかない単文の冒頭に使われており，間違った用法である。全体として両論併記で自分の立場が明らかになっておらず，最後の文も全体のまとめの文になっておらず，TOPICに答えていない。

修正例

❶I do not agree with the opinion that people will stop using cash in the near future. ❷First of all, credit cards and other kinds of digital money cannot be used at some stores. People have to use cash ❸in those stores. ❹In addition, some people, such as elderly people, are not used to making cashless payments. It might be difficult for them to change their habits. ❺Because of these reasons, I think there will still be a need for cash in the future. 　（84語）

訳：近い将来，人々は現金を使わなくなるという意見に私は同意しません。まず，一部の店ではクレジットカードやその他の電子マネーが使えません。そのような店では，人々は現金を使わなければいけません。さらに，年配の人々など，一部の人々の中には，キャッシュレス決済をすることに慣れていない人もいます。彼らが習慣を変えるのは難しいかもしれません。こうした理由から，将来も現金の需要はまだあると思います。

こう変わった！

❶━━▶元の文章の But 以降の理由を利用して，I do not agree ... と TOPIC に同意しない
立場に立つエッセイとした。

❷❹━▶2つの理由がわかりやすいよう，First of all,, In addition, を冒頭に置いた。

❸━━▶第一の理由の2文のつながりがよくなるよう，in those stores を入れた。

❹━━▶修正前の文章で後半の4文を使って説明していた内容を，「キャッシュレス決済に
慣れていない」ことにポイントを絞り，2文で簡潔にまとめた。

❺━━▶TOPIC と逆の見通しを提示することで，TOPIC に同意しない立場を明確にし，
エッセイをまとめた。

自分の解答をレビューしてみよう！

振り返り＆
達成度チェック

スペリング・文法

		OK	まあまあ	NG
Check 1	スペリングの誤りはないか，短縮形は使われていないか	☐	☐	☐
Check 2	カンマ, ピリオドは漏れていないか, 後ろにスペースは入っているか	☐	☐	☐
Check 3	動詞の時制や形，使い方は合っているか	☐	☐	☐
Check 4	名詞の単数・複数形，可算・不可算，冠詞の漏れはないか	☐	☐	☐
Check 5	語法の間違いはないか	☐	☐	☐
Check 6	主語と動詞の関係は正しいか	☐	☐	☐
Check 7	接続詞の使い方は正しいか	☐	☐	☐

表現

		OK	まあまあ	NG
Check 8	英語以外の語を使っていないか	☐	☐	☐
Check 9	同じような表現を繰り返していないか	☐	☐	☐

構成

		OK	まあまあ	NG
Check 10	語数は範囲内（80語～100語）に収まっているか	☐	☐	☐
Check 11	TOPIC にきちんと答えているか	☐	☐	☐
Check 12	理由・説明に矛盾はないか	☐	☐	☐
Check 13	理由が2つ述べられているか	☐	☐	☐
Check 14	TOPIC と関係のない内容は含まれていないか	☐	☐	☐
Check 15	主題文とまとめの文の意見に矛盾はないか	☐	☐	☐

Unit 2

- 以下のTOPICについて，あなたの意見とその理由を2つ書きなさい。
- POINTSは理由を書く際の参考となる観点を示したものです。ただし，これら以外の観点から理由を書いてもかまいません。
- 語数の目安は80語～100語です。
- 解答がTOPICに示された問いの答えになっていない場合や，TOPICからずれていると判断された場合は，0点と採点されることがあります。TOPICの内容をよく読んでから答えてください。

TOPIC

Thanks to improvements in information technology, it is possible to work outside the office. Do you think the number of people doing so will increase in the future?

POINTS

- *Efficiency* ● *Time* ● *Communication*

> オフィスの外で働くと，何ができるようになるか，そして何ができなくなるかを，考えよう。

メモを書こう ✏

YES	NO

解答を書こう 🖊

5

10

15

YES を選んだ場合

メモの例

YES	NO
時間が自由になる　理由❶ 仕事と家事の両立ができる 家で仕事ができる カフェで仕事ができる 通勤しなくて済む　理由❷ 時間の節約ができる 家族や友人と時間が過ごせる	上司・同僚と会えない 打ち合わせができない ↑ネット技術で何とかなる？

模範解答

))) 02-A

I think the number of people working outside the office will increase in the future, and I have two reasons for thinking this. First, if people can work at home, they can work any time of the day that is convenient for them. This would enable them to both work and do housework more efficiently. Second, they can save time by not commuting. They can spend the extra time with their family or friends instead. For these two reasons, I think more and more people will work outside the office in the near future.

(94 語)

訳

TOPIC：情報技術の進歩のおかげで，オフィスの外で働くことが可能です。将来，そのようにする人の数が増えると，あなたは思いますか。

POINTS：効率・時間・コミュニケーション

将来，オフィスの外で働く人の数は増えると，私は思っており，こう思う理由が2つあります。第一に，もし家で働くことができれば，1日のうち自分にとっていつでも都合の良い時間に働くことができます。このことは，仕事と家事の両方をより効率的にこなすことを可能にするでしょう。第二に，通勤をしないことで時間を節約できます。代わりに，余った時間を家族や友人と過ごすことができます。これら2つの理由から，近い将来，ますます多くの人がオフィスの外で働くようになると，私は思います。

解説

この問題では「オフィスの外で働く人の数が増えるかどうか」についての意見を求めている。解答例ではYesの立場に立ち，「効率（Efficiency）」と「時間（Time）」の観点でその理由を挙げている。

主題文

主題文は，TOPICの質問のDo you thinkを肯定形のI thinkで置き換え，またdoing soをそれが指し示す具体的な表現working outside the officeに置き換えて作成し，同センテンス内にand I have two reasons for thinking thisを続けている。

支持文

支持文ではオフィス外で働くことの利点を，具体的に2つ述べている。第一の理由では（First, 以下），「自分の都合の良い時間に働ける」という利点を挙げ，次文で「仕事と家事の両方が効率よく行える」と，「効率（Efficiency）」の観点から具体的な効果を挙げている。第一の理由2文目のThis wouldは前文の内容をThisで受け，仮定法のwouldを使い，「このこと（前文の内容）は，〜にするだろう」と，前文からの流れを作っている。第二の理由として（Second, 以下），「通勤をしないことで時間を節約できる」点を挙げ，次文で「代わりに家族や友人と過ごせる」という具体例を述べている。

まとめの文

まとめの文の冒頭はFor these two reasons, で始め，主題文のthe number of people working outside the office will increaseの動詞increaseの代わりに，peopleを修飾するmore and moreを用いてmore and more people will work outside the officeとしている。

語句

□ convenient for 〜　〜にとって都合の良い　　□ enable O to *do*　Oが〜するのを可能にする
□ do housework　家事をする　　□ commute　通勤する

NO を選んだ場合

メモの例

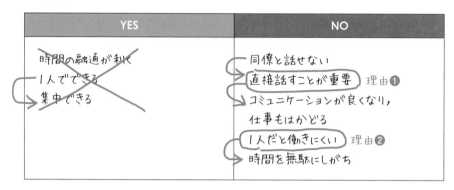

YES	NO
~~時間の融通が利く~~ ~~1人でできる~~ ~~集中できる~~	同僚と話せない / 直接話すことが重要 〔理由❶〕 / コミュニケーションが良くなり、仕事もはかどる / 1人だと働きにくい 〔理由❷〕 / 時間を無駄にしがち

模範解答))) 02-B

I do not think the number of people working outside the office will increase in the future. I have two reasons to support this opinion. To begin with, talking to coworkers face to face is very important. By being in the same office, workers can communicate with each other more smoothly and work better. In addition, it is difficult to work hard if no one is around. People tend to waste time if they are working alone. Therefore, I do not think the number of people working outside the office will become higher.

(93 語)

訳

TOPIC：情報技術の進歩のおかげで，オフィスの外で働くことが可能です。将来，そのようにする人の数が増えると，あなたは思いますか。

POINTS：効率・時間・コミュニケーション

将来，オフィスの外で働く人の数が増えるとは，私は思いません。この意見を支持する

理由が２つあります。まず，同僚と面と向かって話をすることはとても大切です。同じオフィスにいることで，働く人たちはお互いに，よりスムーズにコミュニケーションを取ることができ，より良い仕事ができるのです。さらに，周りに誰もいないと，一生懸命に働くことは難しいです。１人で仕事をすると，人は時間を無駄にしがちです。したがって，オフィスの外で働く人の数が増加するとは，私は思いません。

解説

　「オフィスの外で働く人の数が増えるかどうか」について，この解答例ではNoの立場に立ち，「仲間と働く vs. １人で働く」の観点でその理由を挙げている。このように，対照的な視点から長所・短所を述べて反対の理由とすることもできる。

主題文

　主題文は，TOPICの質問のDo you thinkを否定形のI do not thinkで置き換え，また doing soをそれが指し示す具体的な表現working outside the officeに置き換えて作成し，I have two reasons to support this opinion.を続けている。

支持文

　支持文ではオフィスで働くことの利点と，１人で働くことの欠点の，２つの理由を挙げている。まず（To begin with,以下），POINTSの「コミュニケーション（Communication）」の観点から，「同僚と面と向かって話をすることは大切」と訴え，次文では「同じオフィスにいることで，コミュニケーションがスムーズになり，より良い仕事ができる」とその具体的な効用を述べている。第二の理由（In addition,以下）では，「周りに人がいないと一生懸命に働くことは難しい」と，１人で働くことの欠点を述べ，次文で「時間（Time）を無駄にしがちだ」と具体的に説明している。第二の理由１文目ではno one is around，２文目ではworking aloneと，同じような内容を単調にならないよう表現を工夫しているところに注目。２級ライティング問題では，このように多様な表現を使うことが大切だ。

まとめの文

　まとめの文の冒頭はTherefore,で始め，TOPICを別表現で言い換えて続けている。動詞increase「増加する」を，比較級を使ったbecome higherで表している。

語句

☐ coworker　同僚
☐ tend to *do*　～しがちな，～する傾向がある
☐ face to face　面と向かって
☐ waste　～を無駄に使う

ここを直そう！ NG解答例 .....

NG解答例

I think the number of people working outside the office will increase in the future, and I have two reasons for thinking this. First, workers will not have to spend a long time on commuting. Riding on a train for a long time is not only stressful but also a waste of time. Second, workers can take their work on vacation. Swimming at the beach is a very good way to spend vacation. For these reasons, I believe the number of people working outside the office will increase in the future.

(91 語)

ここがNG ▶▶▶ 関係のない内容が含まれている

　この問題のTOPICは「オフィス外で働く人が増えるか」で，第二の理由を示した文 (Second, 以下) も，「休暇先に仕事を持っていける」と，あくまでも「働くこと」に関連する内容となっている。ところが，その理由を補足すべき下線の文は前文のvacation に引きずられ，「ビーチで泳ぐのは休暇を過ごすのにとても良い方法だ」と，「働くこと」と全く無関係な内容になっており，TOPICから外れてしまっている。このように，書いている途中で前の文に引きずられて本来の主題からそれてしまうことはよくあるので，常にTOPICを意識して書くようにしよう。

修正例

I think the number of people working outside the office will increase in the future, and I have two reasons for thinking this. First, workers will not have to spend a long time on commuting. Riding on a train for a long time is not only stressful but also a waste of time. Second, workers can take their work on vacation. For example, they can do their work while they are relaxing on the beach. For these reasons, I believe the number of people working outside the office will increase in the future.

(93 語)

訳：将来，オフィスの外で働く人の数は増えると，私は思っており，こう思う理由が2つあります。第一に，働く人たちは通勤に長時間を費やす必要がありません。長時間電

車に乗るのはストレスであるだけでなく，時間の無駄です。第二に，働く人たちは休暇に仕事を持っていくことができます。例えば，ビーチでくつろいでいる間に仕事をすることができます。これらの理由から，将来，オフィスの外で働く人の数は増えると，私は思います。

こう変わった！

　下線の文を修正例のように「例えば，ビーチでくつろいでいる間に仕事をすることができる」とすることで，「働くこと」への関連性が生まれ，また，前文の内容をより具体的な例で記述することができ，第二の理由の良い補足文となっている。

自分の解答をレビューしてみよう！

振り返り&
達成度チェック

スペリング・文法

		OK	まあまあ	NG
Check 1	スペリングの誤りはないか，短縮形は使われていないか	☐	☐	☐
Check 2	カンマ，ピリオドは漏れていないか，後ろにスペースは入っているか	☐	☐	☐
Check 3	動詞の時制や形，使い方は合っているか	☐	☐	☐
Check 4	名詞の単数・複数形，可算・不可算，冠詞の漏れはないか	☐	☐	☐
Check 5	語法の間違いはないか	☐	☐	☐
Check 6	主語と動詞の関係は正しいか	☐	☐	☐
Check 7	接続詞の使い方は正しいか	☐	☐	☐

表現

		OK	まあまあ	NG
Check 8	英語以外の語を使っていないか	☐	☐	☐
Check 9	同じような表現を繰り返していないか	☐	☐	☐

構成

		OK	まあまあ	NG
Check 10	語数は範囲内（80語〜100語）に収まっているか	☐	☐	☐
Check 11	TOPICにきちんと答えているか	☐	☐	☐
Check 12	理由・説明に矛盾はないか	☐	☐	☐
Check 13	理由が2つ述べられているか	☐	☐	☐
Check 14	TOPICと関係のない内容は含まれていないか	☐	☐	☐
Check 15	主題文とまとめの文の意見に矛盾はないか	☐	☐	☐

Unit 3

- 以下のTOPICについて，あなたの意見とその理由を2つ書きなさい。
- POINTSは理由を書く際の参考となる観点を示したものです。ただし，これら以外の観点から理由を書いてもかまいません。
- 語数の目安は80語〜100語です。
- 解答がTOPICに示された問いの答えになっていない場合や，TOPICからずれていると判断された場合は，0点と採点されることがあります。TOPICの内容をよく読んでから答えてください。

TOPIC

These days, many automobile companies are developing self-driving cars. Do you think people will stop driving cars by themselves in the future?

POINTS

- *Safety*　- *Time*　- *Pleasure*

> 人間が運転しないことの利点・欠点を比較し，支持文を組み立てやすい立場から書こう。

メモを書こう ✏

YES	NO

解答を書こう ✏

5

10

15

YES を選んだ場合

メモの例

YES	NO
安全性 理由❶ 人は間違いを犯すもの 機械のちが安全 運転しないと疲れない ほかのことができる 理由❷ ビデオを見る 風景を見る	機械は壊れる 人が運転した方が安全 運転は楽しい ↑人による

模範解答　　　　　　　　　　　　　　　　　　　　　))) 03-A

I think people will stop driving cars by themselves in the future. One reason is safety. People make errors, especially when they are tired. It is safer to have machines make judgments and control everything. The other reason is that, if a car runs automatically, people can relax and do something else. For example, people can watch videos or enjoy the view through the window while the car is moving. For these reasons, I do not think people will be driving cars by themselves any longer in the future.

(89 語)

訳

TOPIC：近ごろ，多くの自動車会社が自動運転車を開発しています。将来，人々は自分で車を運転することをやめると，あなたは思いますか。

POINTS：安全性・時間・楽しみ

将来，人々は自分で車を運転することをやめると，私は思います。1つの理由が安全性です。人は間違いを犯すもので，特に疲れているときはそうです。機械に判断させ，全てを制御させた方がより安全です。もう1つの理由は，もし車が自動で走れば，人々はくつろいで何かほかのことができます。例えば，車が動いている間，ビデオを見たり，窓からの眺めを楽しんだりすることができます。これらの理由から，将来，人々はもはや自分では車を運転していないだろうと，私は思います。

解説

　この問題では自動運転車が開発されていることを背景に，「将来，人は運転をやめるか」について意見を求めている。解答例ではYesの立場で，機械が運転することによって実現される「安全性（Safety）」と「楽しみ（Pleasure）」を理由に挙げている。

主題文

　主題文はTOPICのDo you thinkをI thinkに変え，それ以降はそのままTOPICの表現を利用している。

支持文

　第一の理由は3文で構成されており変則的。まず1文目でOne reason is safety.と安全性が理由であることをはっきり述べ，次に「人は間違いを犯すものだ」と具体的に述べ，さらに「機械の方が安全だ」と結論を述べている。第二の理由は，One reason is ... に対し，The other reason is ... と，2つある理由の残り1つであることをまず明示してから，自動運転だとほかのこと（something else）ができると述べ，次にFor example, を用い，ビデオや車窓風景を楽しむといった具体例を挙げている。a car runs を the car is moving のように動詞を変えることで表現の多様性を確保している。

まとめの文

　For these reasons, で始め，主題文と同じ内容を will stop driving cars → not ... will be driving cars ... any longer と表現を変え，単調にならないように工夫している。will drive だと「必ず〜するだろう」という強い確信を表すとも取られるため，「将来〜になるだろう」という未来の推量を表す未来進行形の will be driving を使っている。

語句

☐ make errors　間違いを犯す
☐ automatically　自動的に
☐ not 〜 any longer　もはや〜ない

☐ especially　特に
☐ something else　ほかの何か

NO を選んだ場合

メモの例

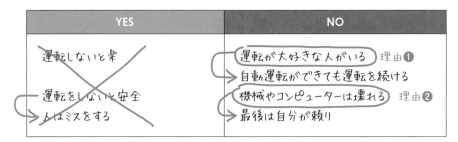

YES	NO
運転しないと楽	運転が大好きな人がいる　理由❶
	自動運転ができても運転を続ける
運転をしないと安全	機械やコンピューターは壊れる　理由❷
人はミスをする	最後は自分が頼り

模範解答　　　　　　　　　　　　　　　　　　　　　　　))) 03-B

I do not think all people will stop driving cars by themselves in the future, and I will give two reasons to support this opinion. First, some people like driving very much. They will continue to drive cars by themselves even if automatic driving becomes available. Second, there is always the possibility that trouble may occur on the machine or computer. Many people would rather rely on themselves to drive cars safely. In conclusion, I think that people will continue driving cars in the future.

(85 語)

訳

TOPIC：近ごろ，多くの自動車会社が自動運転車を開発しています。将来，人々は自分
　　　　で車を運転することをやめると，あなたは思いますか。
POINTS：安全性・時間・楽しみ

将来，全ての人が自分で車を運転することをやめるとは，私は思っておらず，そしてこの意見を支持する理由を2つ示します。第一に，運転することがとても好きな人もいます。たとえ自動運転が利用可能になっても，彼らは自分で運転することを続けるでしょう。第二に，機械やコンピューターにトラブルが起こる可能性は常にあります。多くの

人々は，安全に運転をするのにはむしろ自分自身を頼りたいでしょう。結論として，将来も，人々は車を運転し続けると，私は思います。

解説

　自動運転車の開発により「将来，人は運転をやめるか」という問いに対し，この解答例では，将来も「楽しみ（Pleasure）」と「安全性（Safety）」の理由から運転を続ける人がいるだろうと，Noの立場から主張をしている。

主題文

　主題文はTOPICのDo you thinkをI do not thinkに変え，peopleにallをつけて，「全ての人が〜とは思わない」とし，最後にand I will give two reasons to support this opinionと続けて支持文へつなげている。

支持文

　第一の理由では，運転することが大好きな人もいると現在における事実を述べ，次文で彼らは将来も運転を続けるだろうという，将来の見通しを述べている。第二の理由では，機械やコンピューターのトラブルが起こる可能性について触れ，多くの人は安全運転のためには自分自身を頼るだろうと続けている。would rather *do*「むしろ〜したい」は覚えて使えるようにしておきたい表現。両方の理由とも，「こういう理由だからこうなるだろう」という理由＋行動の予測という関係になっている。

まとめの文

　主題文のI do **not** think **all people** will **stop** driving carsをI think that **people** will **continue** driving carsと表現を変え，単調にならないように工夫している。主題文では「**全ての人**が運転を**やめる**とは思わ**ない**」と否定文を使っているのに対し，まとめの文では「**人々**は運転を**続ける**と思う」と肯定文を使い，主語の表現を変えることで，TOPICに対してNoの立場で一貫した主張を続けている。

語句

□ continue to *do*　〜し続ける
□ occur　起こる，発生する
□ rely on 〜　〜に頼る
□ become available　利用［入手］可能になる
□ would rather *do*　むしろ〜したい

ここを直そう! NG 解答例

NG解答例

I think people will stop driving cars by themselves in the future because they can do something else in the car. They can use smartphones or watch videos. ❶And people sometimes make mistakes while driving. Therefore, self-driving cars are safer. ❷If a car breaks, however, it will cause an accident. The driver needs to do something about it. Also, some people like driving. So, I think some people will continue to drive cars in the future. (❸76 語)

ここがNG ▶▶▶ ❶接続詞の誤用　❷矛盾する説明　❸語数が足りない

　第3文が接続詞のAndで始まっているが，andはセンテンス内で2つのものを結びつけるのが正しい使い方で，andでセンテンスを始めるのは間違い。また，主題文はI think people will stop driving carsとなっているものの，途中でIf a car breaksと，故障した場合のことに考えが行ってしまい，主張がぶれて，まとめの文がI think some people will continue to drive carsと，主題文と矛盾する内容になってしまっている。そして，語数も80語に達していないので，表現に工夫をして語数を増やす必要がある。

修正例

I think people will stop driving cars by themselves in the future. ❶The first reason is that self-driving cars will allow people to do something else while they are in the car. ❷For example, they will be able to watch videos or send text messages. ❸The second reason is that people sometimes make mistakes when they drive. ❹Self-driving cars are safer than cars people drive themselves. Because of these two reasons, I think people will use self-driving cars instead of driving cars by themselves. (❺84 語)

訳：将来，人々は自分で車を運転することをやめると，私は思います。第一の理由は，自動運転車によって，人々は車内にいる間，ほかのことをするのが可能になることです。例えば，ビデオを見たり，メールを送ったりすることができるようになります。第二の理由は，人は運転中に時々ミスをしてしまうということです。自動運転車の方が，人が

運転する車より安全です。これら2つの理由から，人々は自分で運転する代わりに自動運転車を使用するだろうと，私は思います。

こう変わった！

❶❷❺➔The first reason is …，For example, などの表現を使い，話の流れを明確にするとともに語数を増やした。

❸────➔And で始まっていた部分は The second reason is … とした。

❹────➔主題文と逆の理由になっていた**❷**If a car breaks … 以降をカットし，まとめの文を主題文で述べた「自分で運転するのをやめる」と同じ立場の「自動運転車を使うようになる」とすることで，視点を変えつつ主張に一貫性を持たせた。

自分の解答をレビューしてみよう！

振り返り&
達成度チェック

スペリング・文法

		OK	まあまあ	NG
Check 1	スペリングの誤りはないか，短縮形は使われていないか	☐	☐	☐
Check 2	カンマ，ピリオドは漏れていないか，後ろにスペースは入っているか	☐	☐	☐
Check 3	動詞の時制や形，使い方は合っているか	☐	☐	☐
Check 4	名詞の単数・複数形，可算・不可算，冠詞の漏れはないか	☐	☐	☐
Check 5	語法の間違いはないか	☐	☐	☐
Check 6	主語と動詞の関係は正しいか	☐	☐	☐
Check 7	接続詞の使い方は正しいか	☐	☐	☐

表現

		OK	まあまあ	NG
Check 8	英語以外の語を使っていないか	☐	☐	☐
Check 9	同じような表現を繰り返していないか	☐	☐	☐

構成

		OK	まあまあ	NG
Check 10	語数は範囲内（80語～100語）に収まっているか	☐	☐	☐
Check 11	TOPIC にきちんと答えているか	☐	☐	☐
Check 12	理由・説明に矛盾はないか	☐	☐	☐
Check 13	理由が2つ述べられているか	☐	☐	☐
Check 14	TOPIC と関係のない内容は含まれていないか	☐	☐	☐
Check 15	主題文とまとめの文の意見に矛盾はないか	☐	☐	☐

目標時間　**20**　分

Unit 4

- 以下のTOPICについて，あなたの意見とその理由を2つ書きなさい。
- POINTSは理由を書く際の参考となる観点を示したものです。ただし，これら以外の観点から理由を書いてもかまいません。
- 語数の目安は80語〜100語です。
- 解答がTOPICに示された問いの答えになっていない場合や，TOPICからずれていると判断された場合は，<u>0点と採点されることがあります</u>。TOPICの内容をよく読んでから答えてください。

TOPIC

It is often said that too much food is wasted in Japan. Do you agree with this opinion?

> 食品ロス問題に関する報道や，
> 自分自身の体験を思い浮かべよう。

POINTS

- *Daily habit*　● *Food industry*　● *Personal effort*

メモを書こう

YES	NO

解答を書こう ✏

5

10

15

YES を選んだ場合

メモの例

YES	NO
食べ残しが多い 理由❶ 給食, パーティー まだ食べられるのに捨てられる 理由❷ 賞味期限が早い	「もったいない」もはやっている

模範解答

))) 04-A

I agree that too much food is wasted in Japan. There are two reasons why I agree with this opinion. First, too much food is left after eating. I always wonder what will be done with so much wasted food, especially after school lunches and parties. Second, in Japan, stores throw away a lot of food that people still can eat. The food seems to be good even after the dates printed on the packages. I think these things should be improved so that less food is wasted in Japan.

(90 語)

訳

TOPIC：日本ではあまりにも多くの食べ物が無駄にされているとしばしば言われます。
　　　　あなたはこの意見に同意しますか。
POINTS：日常の習慣・食品産業・個人の努力

日本ではあまりにも多くの食べ物が無駄にされているということに, 私は同意します。この意見に私が同意する理由は2つあります。第一に, 食後にあまりにも多くの食べ物が残されています。特に給食やパーティーの後に, これほど多くの無駄になった食べ物をどうするのだろうと, 私はいつも思います。第二に, 日本では, 店が, まだ食べることができる食べ物をたくさん捨てています。包装に印刷されている日付を過ぎても, 食

べ物は良い状態のように見えます。日本で無駄になる食べ物が減るよう，こうしたことは改善されるべきだと，私は思います。

解説

　この問題は，「日本ではあまりにも多くの食べ物が無駄にされている」ことに同意するかどうかを尋ねている。解答例では，「同意」の立場を表明し，理由を2つ挙げている。

主題文

　I agree that ... の表現を使い，that 節は TOPIC の too much food is wasted in Japan をそのまま当てはめて，同意の立場を表明している。次文で There are two reasons why I agree with this opinion. と，続く2つの理由を導入している。

支持文

　第一の理由は First, で始め，POINTS の「日常の習慣（Daily habit）」の観点から食べ残しが多いことを挙げている。続けて，給食やパーティーの後といった具体的な場面を例示している。〈I wonder ＋疑問詞〉「〜かしらと思う」は覚えて使えるようにしておきたい表現。第二の理由は Second, で始め，店がまだ食べられる食べ物を捨てる問題を挙げ（POINTS の「食品産業（Food industry）」に関連），次文で期限を過ぎても食べ物は大丈夫そうだと補足している。消費期限・賞味期限を the dates printed on the packages と簡単な語を使って工夫して表現している点に注目。このように，日本語の単語に対応する英語が思い浮かばないときには，その日本語の意味をよく考え，表現しやすい平易な英語に置き換えるように心がけよう。

まとめの文

　ここまでの，日本では食べ物が無駄にされているという説明を受けて，こうしたことは改善されるべきだという将来に向けての提言をして，エッセイを締めくくっている。このように，主題文の主張を発展させたまとめとすることもできるが，主題文を言い換えて Therefore, I think people in Japan are wasting too much food. などとしてもよい。

語句

□〈wonder ＋疑問詞〉　〜かしらと思う　　□ school lunch　給食
□ throw away 〜　〜を捨てる　　□ so that 〜　〜するために，〜するように

NO を選んだ場合

メモの例

YES	NO	
~~食べ残しの問題~~ ~~賞味期限の問題~~ ↑改善されつつある	食べ残しを減らしている →レストランから持ち帰る 賞味期限を延長している →期限後でも食べる人もいる	理由❶ 理由❷

模範解答　　　　　　　　　　　　　　　　　　　　　　　》04-B

I do not totally agree that too much food is wasted in Japan. On the contrary, things are getting better. To begin with, many people try to reduce the amount of food left after eating. For example, when they cannot eat all the food at restaurants, they take it home to eat later. What is more, food companies try to sell food longer. People also try to eat food after the dates shown on the labels if it looks and smells all right. Because of these people's efforts, I think food waste has been decreasing in Japan.

(97 語)

訳

TOPIC：日本ではあまりにも多くの食べ物が無駄にされているとしばしば言われます。あなたはこの意見に同意しますか。

POINTS：日常の習慣・食品産業・個人の努力

日本ではあまりにも多くの食べ物が無駄にされているということに，私は完全には同意しません。それどころか，事態は改善されつつあります。初めに，多くの人は食事の後に残る食べ物の量を減らそうとしています。例えば，レストランで食べ物を全て食べられないときは，彼らは後で食べるためにそれを家へ持ち帰ります。さらに，食品会社は

食品をより長く売ろうとしています。人々もまた，ラベルに表示された日付より後でも，もし見た目やにおいが大丈夫であれば，食品を食べるようにしています。このような人々の努力により，日本では食品廃棄物が減ってきていると，私は思います。

「日本ではあまりにも多くの食べ物が無駄にされている」というTOPICに対し，「完全には同意しない」という立場から，理由として状況改善のための努力を2つ挙げている。

主題文

TOPICにあるthat節の内容をI do not totally agreeと部分否定し，次文をOn the contrary,「それどころか，」と逆接の表現で始め，things are getting better「事態は良くなってきている」と続けている。

支持文

前文の「事態は良くなってきている」例を2つ挙げて理由としている。To begin with,で始まる最初の理由は，「個人の努力（Personal effort）」の観点から，人々は食べ残しを減らすよう努めていると述べている。次文はFor example,で始め，具体例としてレストランからの食べ残しの持ち帰りを挙げている。foodが不可算名詞であるため，itで受けている点に注意。What is more,で始まる第二の理由は，賞味期限の観点からの努力で，「食品産業（Food industry）」側のより長く売ろうという努力と，期限後も外見とにおいが大丈夫であれば食べるという個人の努力の，2つの例を並べている。ここでは，消費期限・賞味期限をthe dates shown on the labelsという簡単な表現で表している。

まとめの文

支持文の内容をBecause of these people's effortsで受け，主題文の第2文のthings are getting betterをfood waste has been decreasingとより具体的な表現で言い換え，エッセイを締めている。なお，この文のwasteは名詞「廃棄物」として使われている。

□ (not) totally　完全に（というわけではない）　　□ on the contrary　それどころか
□ what is more　さらに　　□ label　ラベル

Chapter 2　練習問題　解答・解説

ここを直そう! NG解答例

NG解答例

I agree that too much food is wasted in Japan. Many people do not eat all the food they order at restaurants. I often go to a ❶<u>Viking</u> ❷<u>because I can eat many kinds of food there.</u> Some people take a lot of food but do not eat it all. ❸<u>I feel bad because there are many poor people who cannot eat enough. We should not buy a lot of food from foreign countries. We should thank our good environment.</u>

(80 語)

ここがNG ▸▸▸ ❶和製英語　❷❸TOPICと関係のない説明

　まずバイキング（方式のレストラン）は和製英語である。また，自分がそこに行く理由が書かれているが，これは「日本では多くの食品が無駄にされているか」というTOPICから外れている。さらに，「十分に食べられない人に対して悪いと感じる」という感想の内容に引きずられて「海外から食料を買うべきでない」とつなげてしまい，まとめの文では「自分たちの良い環境に感謝すべき」とTOPICから完全に逸脱してしまっている。

修正例

I agree that too much food is wasted in Japan. ❶<u>First,</u> many people do not eat all the food they order at restaurants. I often go to a ❷<u>buffet-style restaurant</u> ❸<u>and see</u> some people take a lot of food, but not eat it all. ❹<u>Also, on TV, I saw a report about convenience stores that threw away food that was not sold by a certain date. Most of it was still good enough to eat.</u> ❺<u>For these reasons, I think that Japanese people are wasting too much food.</u>

(88 語)

訳：日本ではあまりにも多くの食べ物が無駄にされているということに，私は同意します。まず，多くの人々がレストランで注文した食べ物の全てを食べません。私はよくバイキング形式のレストランに行きますが，多くの食べ物を取っても，それを全部食べない人を見かけます。また，テレビで，特定の日付までに売れなかった食べ物を廃棄するコンビニエンスストアについての報道を見ました。そのほとんどはまだ十分に食べられる状態でした。こうした理由から，日本人はあまりにも多くの食べ物を無駄にしていると，私は思います。

こう変わった！

❶➡First,をつけ，これが最初の理由であることを明示した。

❷➡和製英語をbuffet-style restaurantと正しい英語表現に修正した。

❸➡TOPICとは無関係の自分がバイキングへ行く理由を取り除いた上で，別の文として
いたSome people ...と1つにまとめて，第一の理由に対する具体的な体験による
補足とした。

❹➡修正前の文ではTOPICと関係のない説明が続いてしまっていたため，主題文を支持
する第二の理由として，文頭をAlso,で始めてコンビニエンスストアの食品廃棄の
例に変えた。

❺➡最後は主題文を言い換えたオーソドックスなまとめの文にした。

自分の解答をレビューしてみよう！

振り返り＆
達成度チェック

スペリング・文法

		OK	まあまあ	NG
Check 1	スペリングの誤りはないか，短縮形は使われていないか	□	□	□
Check 2	カンマ，ピリオドは漏れていないか，後ろにスペースは入っているか	□	□	□
Check 3	動詞の時制や形，使い方は合っているか	□	□	□
Check 4	名詞の単数・複数形，可算・不可算，冠詞の漏れはないか	□	□	□
Check 5	語法の間違いはないか	□	□	□
Check 6	主語と動詞の関係は正しいか	□	□	□
Check 7	接続詞の使い方は正しいか	□	□	□

表現

		OK	まあまあ	NG
Check 8	英語以外の語を使っていないか	□	□	□
Check 9	同じような表現を繰り返していないか	□	□	□

構成

		OK	まあまあ	NG
Check 10	語数は範囲内（80語～100語）に収まっているか	□	□	□
Check 11	TOPICにきちんと答えているか	□	□	□
Check 12	理由・説明に矛盾はないか	□	□	□
Check 13	理由が2つ述べられているか	□	□	□
Check 14	TOPICと関係のない内容は含まれていないか	□	□	□
Check 15	主題文とまとめの文の意見に矛盾はないか	□	□	□

目標時間 20 分

Unit 5

- 以下のTOPICについて，あなたの意見とその理由を2つ書きなさい。
- POINTSは理由を書く際の参考となる観点を示したものです。ただし，これら以外の観点から理由を書いてもかまいません。
- 語数の目安は80語〜100語です。
- 解答がTOPICに示された問いの答えになっていない場合や，TOPICからずれていると判断された場合は，0点と採点されることがあります。TOPICの内容をよく読んでから答えてください。

TOPIC

Today, the number of local bookstores is decreasing. Do you think local bookstores will disappear in the future?

町の書店の変化や，自分がどこで書籍を買っているかを考えてみよう。

POINTS

- *Personal interests*　● *Digital data*　● *Convenience*

メモを書こう

YES	NO

解答を書こう ✏

5

10

15

YES を選んだ場合

メモの例

YES	NO
オンライン書店で購入する　理由❶	実際の本屋は楽しい
忙しくても買える	立ち読みして選べる
本を推薦してくれる	
紙の本を買わない　理由❷	
データを買う	
スマホで持ち運ぶ方が楽	

模範解答

))) 05-A

I think local bookstores will disappear in the future. First, more and more people will buy books online. It is especially convenient for busy people. It is also nice that online stores recommend books of our interest. Second, I think people will stop buying paper books. Instead, they will buy and download the data of novels or other stories. It is easier to carry the data on smartphones and tablets than carrying heavy books. Therefore, there will be no need for local bookstores in the future. (86 語)

訳

TOPIC：今日，地域の書店の数が減ってきています。将来，地域の書店はなくなると，あなたは思いますか。
POINTS：個人的関心・デジタルデータ・便利さ

将来，地域の書店はなくなると，私は思います。第一に，ますます多くの人々がインターネットで本を買うようになるでしょう。それは忙しい人たちには特に便利です。オンラインストアは，私たちが興味のある本を推薦してくれるのも良い点です。第二に，

人々は紙の本を買うことをやめると思います。代わりに，小説やその他の物語のデータを買ってダウンロードするようになるでしょう。スマートフォンやタブレットでデータを持ち運ぶ方が，重い本を持ち運ぶよりも楽です。ですから，将来，地域の書店に対する需要はなくなるでしょう。

解説

　この問題では，「地域の書店は将来なくなると思うか」を尋ねている。解答例では，主題文で「地域の書店はなくなる」という意見を明示し，支持文ではPointsの「便利さ（Convenience）」，「デジタルデータ（Digital data）」の観点から，理由を述べている。

主題文

　TOPIC の Do you think ... を I think ... に変えて「地域の書店はなくなる」という意見を明示している。

支持文

　第一の理由はFirst, で始め，インターネットで本を買う人が増えることを挙げている。more and more「ますます多くの」を使って増加を表現している。そうなる理由として，忙しい人にとって便利だと述べ，さらに次の文で，オンラインストアのユーザーが興味を持つであろう本を推薦する機能が良いことを挙げている。第二の理由はSecond, で始め，人々は紙の本を買うのをやめて，本のデータを買ってダウンロードするようになると，2文に分けて述べている。そうなる理由として，It is easier to carry the data ... than carrying heavy books. と比較級を用い，データを持ち運ぶことと，重い紙の本を持ち運ぶことを対比して説明している。

まとめの文

　支持文の内容をTherefore,「したがって，」で受けて，まとめの文ではthere will be no need for local bookstoresと，書店がなくなることを「書店の需要がなくなる」と表現を変えて示している。

語句

□ online　オンラインで(の)，インターネット上で(の)
□ recommend　〜を勧める　　　　□ a need for 〜　〜の需要，必要性

77

NO を選んだ場合

メモの例

YES	NO
インターネット書店は便利 検索機能が便利	地元の書店はすぐ買える 理由❶ ネット書店は配送に時間がかかる 書店を歩き回るのが好き 理由❷ 新しい本, 新しい興味の発見

模範解答))) 05-B

I do not think local bookstores will disappear in the future. The first reason is that some people want to get books immediately so they buy them at a local bookstore. An online bookstore needs time for delivery, and thus cannot meet these people's needs. The second reason is that some people like to walk around a bookstore even though they do not want to buy specific books. They enjoy finding new books, and finding new interests that they did not have. In summary, I think local bookstores will remain in the future in order to satisfy these people.

(99 語)

訳

TOPIC：今日, 地域の書店の数が減ってきています。将来, 地域の書店はなくなると, あなたは思いますか。
POINTS：個人的関心・デジタルデータ・便利さ

将来, 地域の書店がなくなるとは, 私は思いません。第一の理由は, すぐに本を手に入れたいので地域の書店で買うという人がいることです。オンライン書店では配達の時間が必要なので, こうした人々のニーズを満たすことができません。第二の理由は, たとえ特定の本を買いたいと思っていなくても, 書店の中を歩き回るのが好きだという人が

いることです。彼らは新しい本を見つけ，持っていなかった新しい興味を発見すること
を楽しむのです。要するに，こうした人々を満足させるために，将来も地域の書店は残る
と，私は思います。

解説

「地域の書店は将来なくなると思うか」という問いに対し，この解答例は，オンライ
ン書店では満たせないニーズを持つ人々のために，地域の書店は残るだろうと，主張し
ている。

主題文

TOPICのDo you think ...をI do not think ...に変え，「地域の書店はなくなる」とい
う見通しを否定する立場を表明している。

支持文

第一の理由はThe first reason is ...で始まり，本をすぐに手に入れたいという「便利
さ（Convenience）」を求める人の存在を挙げている。続けて，オンライン書店は配送
の時間がかかるのでこうした人のニーズを満たせないことを述べ，地域の書店との対比
を示すことで，理由を補足している。第二の理由はThe second reason is ...で始まり，
特定の欲しい本がなくても書店に行くのが好きだという人のニーズを挙げている。次文
で「新しい本，新たな興味を見つけるのを楽しむ」と，こうした人のニーズをさらに詳
しく説明している。

まとめの文

In summary,「要するに，」を使い，支持文で説明された人々のニーズを，こうした
人々を満足させるために将来も地域の書店は残ると，まとめている。

語句
□ immediately　すぐに，即座に
□ specific　特定の
□ thus　したがって，それゆえに
□ in summary　要するに

ここを直そう！ NG 解答例

NG解答例

I do not think local bookstores will disappear in the future because of the following two reasons. First of all, ❶because some people do not want to buy books from online stores. ❷Instead, they want to buy books from local stores. ❸In addition, they do not like online shopping. They like shopping at local stores. Therefore, I do not agree with the idea that local bookstores will disappear in the future. (❹71 語)

ここがNG ▸▸▸ ❶接続詞の誤用　❷理由に対する説明・補足が不十分
　　　　　　❸2つ目の理由がない　❹語数が足りない

　まず，第一の理由のbecauseの使い方が文法的に間違っている。接続詞becauseは節と節をつなぎ「〜だから…である」を表すが，この文には「…である」の部分がないため，becauseは使えない。そして第一の理由「オンラインストアで買いたくない」を補足すべき次文は「地域の書店で買いたい」で，どうしてオンラインストアではなく地域の書店なのかという疑問に答えておらず，理由として不十分である。また，第二の理由とその補足文であるべき部分も「インターネットショッピングを好まず地域の店を好む」と第一の理由と同じ内容を繰り返しているため，第二の理由の役割を果たしていない。さらに，全部で71語と，80語〜100語という指定も満たしていない。

修正例

I do not think local bookstores will disappear in the future because of the following two reasons. First of all, ❶some people do not want to buy books from online stores. ❷They do not want to use a credit card or send money before getting the books they want. ❸In addition, they like shopping at local bookstores. They prefer to look at many books, take some of them off the shelf, and read a part of a book to check if it is interesting. Therefore, I do not agree with the idea that local bookstores will disappear in the future. (❹100 語)

訳：以下の2つの理由から，将来，地域の書店がなくなるとは，私は思いません。最初に，オンラインストアで本を買いたくない人もいます。彼らは欲しい本を受け取る前に

クレジットカードを使ったり送金したりしたくないのです。さらに，彼らは地域の書店で買い物をするのが好きです。彼らは数多くの本を見たり，そのうち何冊かを棚から取り出して本の一部を読んでそれが面白いか確認することを好むのです。ですから，将来，地域の書店がなくなるという考えに私は同意しません。

こう変わった！

❶━➤because はなくても文の流れから理由だとわかるので，削除した。

❷❸━➤「インターネットで買いたくない」，「地域の書店で買うのが好き」に，それぞれなぜそうなのかを具体的に説明した部分を加えて，独立した2つの理由とした。

❹━➤語数も100語で，指定の80語〜100語の範囲内に収まっている。

自分の解答をレビューしてみよう！

振り返り＆
達成度チェック

スペリング・文法

		OK	まあまあ	NG
Check 1	スペリングの誤りはないか，短縮形は使われていないか	☐	☐	☐
Check 2	カンマ,ピリオドは漏れていないか,後ろにスペースは入っているか	☐	☐	☐
Check 3	動詞の時制や形，使い方は合っているか	☐	☐	☐
Check 4	名詞の単数・複数形，可算・不可算，冠詞の漏れはないか	☐	☐	☐
Check 5	語法の間違いはないか	☐	☐	☐
Check 6	主語と動詞の関係は正しいか	☐	☐	☐
Check 7	接続詞の使い方は正しいか	☐	☐	☐

表現

		OK	まあまあ	NG
Check 8	英語以外の語を使っていないか	☐	☐	☐
Check 9	同じような表現を繰り返していないか	☐	☐	☐

構成

		OK	まあまあ	NG
Check 10	語数は範囲内（80語〜100語）に収まっているか	☐	☐	☐
Check 11	TOPICにきちんと答えているか	☐	☐	☐
Check 12	理由・説明に矛盾はないか	☐	☐	☐
Check 13	理由が2つ述べられているか	☐	☐	☐
Check 14	TOPICと関係のない内容は含まれていないか	☐	☐	☐
Check 15	主題文とまとめの文の意見に矛盾はないか	☐	☐	☐

Chapter 3
模擬テスト

Test 1

● 以下のTOPICについて，あなたの意見とその理由を2つ書きなさい。
● POINTSは理由を書く際の参考となる観点を示したものです。ただし，これら以外の観点から理由を書いてもかまいません。
● 語数の目安は80語〜100語です。
● 解答は，ライティング解答欄に書きなさい。なお，解答欄の外に書かれたものは採点されません。
● 解答がTOPICに示された問いの答えになっていない場合や，TOPICからずれていると判断された場合は，0点と採点されることがあります。TOPICの内容をよく読んでから答えてください。

TOPIC

Some people say that hikers and climbers should pay a fee to use mountains. Do you think this is a good idea?

POINTS

● *Cost*　● *Environment*　● *Facilities*

MEMO

ライティング解答欄

● 指示事項を守り，文字は，はっきりとわかりやすく書いてください。
● 太枠に囲まれた部分のみが採点の対象です。

5

10

15

YES を選んだ場合

))) 06-A

模範解答

I think it is a good idea that hikers and climbers pay a fee to use mountains because there are so many hikers and climbers that they are damaging the natural environment there. If hikers and climbers pay a fee, the money can be used to improve the facilities in the mountains. For example, toilets can be set up. Moreover, some people will stop going to mountains because they have to pay money. Then, the mountains will become less crowded, and thus less damaged. I think people who use mountains should pay the cost to keep them clean.

(98語)

訳

TOPIC：ハイカーや登山者は山を利用するための料金を払うべきだと言う人もいます。これは良い考えだとあなたは思いますか。
POINTS：費用・環境・設備

ハイカーや登山者が山を利用するための料金を払うのは良い考えだと，私は思います。なぜなら，あまりにも多くのハイカーと登山者がいるため，彼らがそこの自然環境を破壊しているからです。もしハイカーや登山者が料金を払えば，そのお金は山の設備を改善するために使うことができます。例えば，トイレを設置することができます。さらに，お金を払わなければならないので山に行くのをやめる人も出てくるでしょう。そうすれば，山はそれほど混まなくなり，したがって損害も減るでしょう。私は，山を利用する人々は山をきれいに保つための費用を払うべきだと思います。

解説

主題文では，TOPICの英文を利用して賛成の立場を示し，その背景として山の混雑と，それによる環境破壊をso ～ that ...「あまりに～なので…」を用いて示している。支持文では，POINTSのFacilitiesとEnvironmentの観点で，使用料を山の設備改善に使えること，使用料を課すことで利用者が減り，山の損害も減ることを理由に挙げている。まとめの文では，利用者は山をきれいに保つ費用を払うべきと，主題文を発展させている。

を選んだ場合

模範解答 》)) 06-B

I do not think it is a good idea that hikers and climbers pay a fee to use mountains. First, anyone should be able to hike or climb mountains. If they have to pay a fee, only rich people can enjoy hiking or climbing. Also, there are ways to protect the environment of mountains other than to make hikers and climbers pay a fee. For example, we can limit the number of people who can go into a mountain. In conclusion, I think we should keep mountains clean without charging hikers and climbers a fee.

(95語)

訳

TOPIC：ハイカーや登山者は山を利用するための料金を払うべきだと言う人もいます。
　　　　これは良い考えだとあなたは思いますか。
POINTS：費用・環境・設備

ハイカーや登山者が山を利用するための料金を払うことは良い考えだと，私は思いません。第一に，誰もが山をハイキングしたり登ったりできるべきです。もし料金を払わなければならないのなら，お金持ちの人々しかハイキングや登山を楽しめません。また，ハイカーや登山者に料金を払わせる以外にも山の環境を守る方法はあります。例えば，山に入ることのできる人数を制限することができます。結論として，私は，ハイカーや登山者に料金を課さずに山をきれいに保つべきだと思います。

解説

　主題文ではTOPICの主張を良い考えだとは思わないと，不賛成の立場を示している。支持文では，第一の理由として，POINTSのCostの観点から使用料を課すとお金持ちしか山を楽しめなくなることを挙げ，第二の理由として，POINTSの観点を利用せずに，For example, を使って入山人数の制限を具体例として挙げている。第二の理由1文目のmake hikers and climbers pay は使役動詞make O do「Oに〜させる」の用法。まとめの文では，山の環境は入山料以外の方法で守るべきと，理由を簡潔にまとめている。

Test 2

- 以下のTOPICについて，あなたの意見とその理由を2つ書きなさい。
- POINTS は理由を書く際の参考となる観点を示したものです。ただし，これら以外の観点から理由を書いてもかまいません。
- 語数の目安は80語〜100語です。
- 解答は，ライティング解答欄に書きなさい。なお，解答欄の外に書かれたものは採点されません。
- 解答がTOPICに示された問いの答えになっていない場合や，TOPICからずれていると判断された場合は，0点と採点されることがあります。TOPICの内容をよく読んでから答えてください。

TOPIC

Some people say that Japanese people do not need to study English. Do you agree with this idea?

POINTS

● *Communication*　● *Time*　● *Technology*

MEMO

ライティング解答欄

5

10

15

Chapter 3　模擬テスト

YES を選んだ場合

模範解答

I agree with the idea that Japanese people do not need to study English. First, I think translation software will improve in the future and a machine with the software will be very compact. Thanks to the improvement, people will have no trouble communicating with others who speak different languages. Also, many Japanese people do not have so many chances to use English. Easy English expressions are good enough when they travel abroad, or help foreign tourists. Therefore, I think it would be better to study other subjects rather than English. (91 語)

訳

TOPIC：日本人は英語を勉強する必要はないと言う人もいます。この考えにあなたは同意しますか。

POINTS：コミュニケーション・時間・科学技術

日本人は英語を勉強する必要はないという考えに私は同意します。第一に，将来，翻訳ソフトは進歩し，ソフトの入った機械はとても小型になると思います。こうした進歩のおかげで，異なる言語を話すほかの人たちと問題なくコミュニケーションを取れるようになるでしょう。また，多くの日本人は英語を使う機会がそれほど多くはありません。海外旅行をするときや外国人観光客を助けるときは簡単な英語表現で十分です。ですから，英語よりもむしろほかの科目を勉強した方がよいと，私は思います。

解説

　主題文では，TOPIC の英文を利用して，賛成の立場を明確に示している。支持文では第一の理由として POINTS の Technology と Communication の観点から，翻訳ソフトの発達により異なる言語を話す人とのコミュニケーションが容易になることを挙げている。Also, からの第二の理由では，多くの人は英語を使う機会があまりないことを挙げ，続く文で使用する場面の具体例を出して説明している。まとめの文では，「ほかの科目を勉強した方がよい」と，主題文をさらに発展させた内容でエッセイを締めくくっている。

NO を選んだ場合

模範解答

))) 07-B

I do not agree with the idea that it is not necessary for Japanese people to study English. Some people think that we do not need to study English because we can use translation software. However, good communication involves many other things such as the tones of the people's voice and their facial expressions. Translation software cannot express these things. In addition, the purpose of learning English is not only for communication skills. We can also learn different ways of thinking through studying English. Therefore, I think it is important to study English.

(93語)

訳

TOPIC：日本人は英語を勉強する必要はないと言う人もいます。この考えにあなたは同意しますか。

POINTS：コミュニケーション・時間・科学技術

日本人は英語を勉強する必要はないという考えに私は同意しません。翻訳ソフトを使えるので英語を勉強する必要はないと考える人がいます。しかし，良いコミュニケーションには声の調子であるとか顔の表情などのほかの多くのことが関与しています。翻訳ソフトはこうしたことを表現できません。加えて，英語を学ぶ目的はコミュニケーション能力のためだけではありません。英語を勉強することを通じて異なる考え方を学ぶこともできるのです。ですから，英語を勉強することは重要だと，私は思います。

解説

　主題文ではTOPICの主張に同意しないとしている。支持文では，まず，「翻訳ソフトを使えるので勉強の必要はない」という逆の立場の意見を紹介した上で，POINTSのCommunicationの観点から，However, を用いて続く2文で反論している。In addition, からの第二の理由では，コミュニケーション以外にも英語を学ぶ目的があることを理由に挙げている。まとめの文では，「英語を勉強することは重要だ」と主張している。

Test 3

- 以下のTOPICについて，あなたの意見とその<u>理由を2つ</u>書きなさい。
- POINTSは理由を書く際の参考となる観点を示したものです。ただし，これら以外の観点から理由を書いてもかまいません。
- 語数の目安は80語〜100語です。
- 解答は，ライティング解答欄に書きなさい。なお，<u>解答欄の外に書かれたものは採点されません。</u>
- 解答がTOPICに示された問いの答えになっていない場合や，TOPICからずれていると判断された場合は，<u>0点と採点されることがあります。</u>TOPICの内容をよく読んでから答えてください。

TOPIC

These days many people prefer to watch videos on the Internet instead of watching TV. Do you think more people will do so in the future?

POINTS

- *Time*   - *Place*   - *Cost*

MEMO

ライティング解答欄

5

10

15

YES を選んだ場合

模範解答

I think that more people will watch videos on the Internet instead of watching TV. First, watching TV requires people to be in front of the TV set at a certain time to watch their favorite show. On the other hand, they can watch any show on the Internet anytime and anywhere using a laptop computer, a tablet or a smartphone. Also, on the Internet, there are a lot of different types of shows available. Some of the shows are not shown on TV. Therefore, I think more and more people will enjoy videos on the Internet in the future.

(100語)

訳

TOPIC：近ごろ多くの人々はテレビを見る代わりにインターネットで動画を見る方を好みます。将来，より多くの人がそうするようになると，あなたは思いますか。
POINTS：時間・場所・費用

より多くの人々がテレビを見る代わりにインターネットで動画を見るようになると，私は思います。第一に，テレビを見ることは，好きな番組を見るために特定の時間にテレビの前にいることを人々に要求します。一方，ノートパソコンやタブレット，もしくはスマートフォンを使って，どんな番組でもいつでもどこでもインターネットで見ることができます。また，インターネットでは，多くの異なる種類の番組を見ることができます。それらの番組のいくつかはテレビでは放映されていません。ですから，将来，ますます多くの人々がインターネットで動画を楽しむようになると，私は思います。

解説

　主題文ではTOPICの質問文を利用し，do soを前文の具体的な表現に変えて，賛成の立場を主張している。支持文では，第一に，テレビとインターネットを対比する形で，POINTSのTimeとPlaceの観点からインターネットの利点を挙げ，第二に，インターネットにはテレビでは見られない番組がある点を挙げている。最後に主題文のwatch videosをenjoy videosと表現を変えて，まとめの文としている。

NO を選んだ場合

))) 08-B

I think that many people will continue to watch TV programs in the future, and I have the following reasons. First, people often have to pay to watch videos on the Internet. On the other hand, people can watch TV programs for free. Second, TV stations offer more reliable news than Internet sites. This is very important, especially when a natural disaster happens. For these two reasons, I think that many people will still enjoy watching TV rather than watching videos online in the future.　　　(85語)

訳

TOPIC：近ごろ多くの人々はテレビを見る代わりにインターネットで動画を見る方を好みます。将来，より多くの人がそうするようになると，あなたは思いますか。
POINTS：時間・場所・費用

将来多くの人々がテレビ番組を見続けると，私は思い，次のような理由があります。第一に，インターネットで動画を見るにはお金を払わなければならないことが多いです。その一方で，テレビ番組は無料で見ることができます。第二に，テレビ局はインターネットのサイトよりも，より信頼のおけるニュースを提供します。特に自然災害が起こったとき，このことはとても重要です。これら2つの理由から，将来，多くの人々は依然としてオンラインで動画を見るよりもテレビを見ることを楽しむだろうと，私は思います。

解説

　主題文はmany people will continue to watch TV programsと，TOPICとは逆の内容を主張して，反対の立場を表している。支持文では，テレビとインターネットを対比させて理由を示している。第一の理由として，POINTSのCostの観点から，インターネットの動画は有料だがテレビは無料である点を挙げている。第二の理由では，テレビのニュースの信頼性を挙げ，自然災害時にはこのことが特に重要だと補足している。まとめの文では，For these two reasons, で支持文を受け，テレビとインターネットの2つを対比させることで，わかりやすく主張をまとめている。